Filosofia do Amor

Georg Simmel, sociólogo, psicólogo e filósofo, nasceu em Berlim, em 1858. Foi professor nas universidades de Berlim, Estrasburgo e Heidelberg, e fundou com Max Weber, Ferdinand Tonnies e Werner Sombart a Sociedade Alemã de Sociologia. Morreu em setembro de 1918, em Estrasburgo. Entre suas obras estão: *Uber soziale Differenzierung* [Diferenciação social], *Die Probleme der Geschichtsphilosophie* [Problemas da filosofia da história] e *Soziologie* [Sociologia].

Georg Simmel

Filosofia do Amor

Tradução
EDUARDO BRANDÃO

Martins Fontes
São Paulo 2006

1ª edição *1993*
3ª edição *2006*

Tradução
EDUARDO BRANDÃO

Revisão da tradução
Paulo Neves
Revisões gráficas
Maurício Balthazar Leal
Flora Maria de Campos Fernandes
Dinarte Zorzanelli da Silva
Produção gráfica
Geraldo Alves
Composição
Ademilde L. da Silva

Dados Internacionais de Catalogação na Publicação (CIP)
(Câmara Brasileira do Livro, SP, Brasil)

Simmel, Georg, 1858-1918.
Filosofia do amor / Georg Simmel ; tradução Eduardo Brandão ; [revisão da tradução Paulo Neves]. – 3ª ed. – São Paulo : Martins Fontes, 2006. – (Tópicos)

Título original: Philosophie de l'amour.
ISBN 85-336-2292-9

1. Amor I. Título. II. Série.

06-3491 CDD-128.4

Índices para catálogo sistemático:
1. Amor : Antropologia filosófica 128.4

Rua Conselheiro Ramalho, 330 01325-000 São Paulo SP Brasil
Tel. (11) 3241.3677 Fax (11) 3101.1042
e-mail: info@martinsfontes.com.br http://www.martinsfontes.com.br

SUMÁRIO

ALGUMAS REFLEXÕES SOBRE A PROSTITUIÇÃO NO PRESENTE E NO FUTURO (1892)

A indignação moral que a "boa sociedade" manifesta em relação à prostituição é, sob muitos aspectos, matéria de ceticismo. Como se a prostituição não fosse a conseqüência inevitável de um estado de coisas que essa "boa sociedade", justamente, impõe ao conjunto da população! Como se fosse a vontade absolutamente livre das mulheres prostituir-se, como se fosse uma diversão para elas! Claro, entre a primeira vez em que o infortúnio, a solidão sem recursos, a ausência de alguma educação moral, ou ainda o mau exemplo do ambiente incitam uma moça a se oferecer por dinheiro e, por outro lado, a indescritível miséria em que, de ordinário, sua carreira se encerra, claro, entre esses dois extremos, existe na maior parte do tempo um período de prazer e despreocupação. Mas a que preço e quão breve! Nada mais falso do que chamar de "garotas de vida alegre" essas infelizes criaturas e entender por aí que elas vivem efetivamente para a alegria: talvez para a alegria alheia, mas não decerto para a delas. Ou acaso se estima que seja uma delícia, noite após noite, em qualquer tempo — calor, chuva ou frio —, bater pernas pelas ruas para oferecer uma presa e servir de mecanismo ejaculatório ao primeiro indivíduo que aparecer, por mais repugnante que seja? Acaso se crê realmente que tal vida, ameaçada de um lado pelas doenças mais infectas, de outro pela miséria e pela fome, e em terceiro lugar pela polícia, acaso se crê que essa vida possa mesmo ser escolhida com esse livre-arbítrio que seria a única coisa a justificar, em contrapartida, a indignação moral? Sem dúvida, a prostituição superior, fora de controle, se vê melhor aquinhoada por mais tempo. Se a mulher for bonita e conhecer um pouco a arte da recusa, se ademais fizer teatro, então pode escolher os candidatos e mesmo as pulseiras de brilhantes. À parte o fato de que a queda é, de ordinário, mais grave quando a interessada não tem mais à sua disposição os encantos que lhe permitiam comprar a vida *in dulci jubilo*, a sociedade se mostra curiosamente muito mais indulgente para com essa prostituição mais refinada (por certo capaz de se arranjar globalmente bem melhor do que a prostituição de rua e de bordel) do que para com a prostituição de baixo nível, a qual, no entanto — supondo-se que haja pecado nisso —, é muito mais sancionada pela miséria de sua existência do que a primeira. A atriz, que nada tem de mais moral do que a mulher de rua e, talvez, até se revele bem mais calculista e vampiresca, é recebida nos salões de que a prostituta de calçada seria expulsa por cães. As pessoas felizes, de fato, sempre têm razão, e a lei tão cruel que quer que se dê a quem possui e que se tome de quem nada tem não conhece executora mais severa do que a ''boa sociedade''. Esta, que em toda parte só enforca os ladrõezinhos, também só despeja toda a sua indignação virtuosa sobre pobres mulheres de rua, mostrando pudor apenas em função da condição melhor ou pior das prostitutas. Isso porque a sociedade vê no infeliz seu inimigo — e não está errada nisso. Porque esse infeliz, o indivíduo desfavorecido por culpa sua ou não, sobre o qual pesa um juízo de exclusão eqüitativo ou não, será responsabilizado pela coletividade por não ter obtido melhor posição em seu seio. Ele a detestará, e ela o detestará em troca, lançando-o mais baixo ainda. Do mesmo modo que o feliz possuidor recebe em acréscimo, além dos benefícios diretos da sua situação, um prêmio de felicidade devido ao fato de a sociedade respeitá-lo, elevá-lo ao pináculo e conceder-lhe por toda parte a prioridade, também o infeliz será, em acréscimo, punido por sua desgraça, porque a sociedade trata-o como seu inimigo nato. Pode-se observar todos os dias que o abastado escorraça o mendigo *com cólera*, como *se* fosse um erro moral ser pobre, como se isso justificasse, pois, a indignação virtuosa. Neste caso, como é freqüente, a má consciência que o rico sente face ao pobre esconde-se atrás da máscara de uma legitimidade moral de maneira tão contínua, com pseudo-razões tão peremptórias, que a própria vítima acaba acreditando. A diferença que a sociedade estabelece assim no juízo e no tratamento que reserva à prostituição elegante e à prostituição miserável é um dos exemplos mais esclarecedores, ou mais tenebrosos, da eqüidade dessa sociedade, que torna o desgraçado cada vez mais desgraçado, perseguindo-o por causa da sua desgraça, como se se tratasse de algum pecado cometido contra ela. Talvez o faça por uma obscura antecipação, a saber: ele poderia ter a forte tentação de cometer, de fato, um pecado contra ela.

Esse tipo de relação autoriza-nos designar a prostituição — tão antiga, porém, quanto a história da civilização — como um produto, em sua essência atual, de nossas condições sociais. As culturas num estágio inferior não vêem nada de chocante na prostituição, o que é bastante compreensível, porque ela não tem para estas a nocividade social que possui num estado de coisas mais evoluído. Entre os lídios da Antiguidade, segundo Heródoto, as moças se ofereciam por dinheiro, para formar um dote; em muitas partes da África, o mesmo costume prevalece ainda hoje e não debilita o respeito devido às moças — entre as quais encontram-se, não raro, as princesas reais —, como tampouco impede-as de se casarem e se tornarem mulheres absolutamente honradas. Temos aí, bem forjado, resquício de um estado antigo da sexualidade ainda não regulamentado, a idéia de que cada mulher pertence, de fato, à etnia em sua globalidade e, portanto, de certa forma subtrai-se a uma obrigação social casando-se com um só e único homem; pelo menos ela deve, até suas bodas, cumprir essa obrigação entregando-se a qualquer um. E essa conduta se eleva tão alto na ordem moral, que até se vê aparecer uma prostituição cultual — uma entrega de si cuja renda será, de fato, destinada ao tesouro do templo, como Estrabão relata acerca das moças da Babilônia.

Tudo isso só é possível se ainda não há economia monetária estabelecida de maneira permanente. Porque assim que o dinheiro se torna a medida de todas as outras coisas — uma infinidade de objetos extremamente diferentes podendo se obter em troca dele — ele mostra uma ausência de cor e de qualidade que, em certo sentido, desvaloriza tudo aquilo de que é o equivalente. O dinheiro é a coisa mais impessoal que existe na vida prática; como tal, é de todo inadequado a servir de meio de troca contra um valor tão pessoal quanto a entrega de uma mulher. Se, todavia, desempenha esse papel, rebaixa a seu nível essa realidade individual de valor específico, provando então à interessada que ela não põe sua propriedade mais pessoal acima desse meio de troca, que equivale igualmente a milhares de outras coisas de menor preço. Onde o dinheiro ainda não constitui a medida de quase todos os valores da existência na mesma medida que entre nós, portanto quando ainda é algo mais raro e menos usado, a cessão do bem pessoal em troca dele não é tão degradante. Ao que se acrescenta o seguinte: quanto mais as mulheres se encontram numa posição inferior, mais permanecem ligadas ao tipo genérico e menos se manifesta essa desproporção entre a mercadoria e o preço. Nas culturas mais primitivas, onde as mulheres em particular são ainda menos individualizadas, a dignidade humana não sofre tanto com o fato de que elas se entregam contra um valor tão pouco individual quanto o dinheiro. Mas em condições mais evoluídas, como as nossas, onde o dinheiro torna-se cada vez mais impessoal por podermos comprar cada vez mais coisas com ele, enquanto os humanos, por sua vez, tornam-se cada vez mais pessoais, a aquisição desse bem tão íntimo mediante moeda parece cada vez mais indigna e fornece uma das causas essenciais da arrogância dos capitalistas, do abismo vertiginoso que se abre entre a posse e a oferta. O bem próprio da pessoa humana, o mais sagrado de todos, só deveria poder ser obtido na medida em que quem o procurasse cedesse, por sua vez, sua pessoa e seus valores mais íntimos — como sucede no verdadeiro casamento. Se é notório, porém, que basta dar dinheiro para consumir tal bem, ver-se-á então, logicamente, instalar-se, face aos não possuidores que entregam tudo a tão vil preço, o desprezo e a ignorância do valor pessoal, e isso não sem uma ingenuidade de parte das classes superiores que muitas vezes nos surpreende, ou melhor, que não nos surpreende mais. Como, com demasiada freqüência, a distância entre os de cima e os de baixo afunda cada vez mais os de baixo e também rebaixa moralmente os de cima, e como a escravidão degrada não só o escravo mas também seu amo, assim a desproporção entre a mercadoria e o preço, atestada em nossos dias pela prostituição, significa a depravação não só daquelas que se entregam desse modo, mas também daqueles que disso aproveitam. Cada vez que um homem compra uma mulher por dinheiro, vai-se um pouco do respeito devido à essência humana; e, nas classes ricas, onde tal prática é cotidiana, é esse fato, sem dúvida, uma poderosa alavanca da presunção que a posse do dinheiro gera, dessa mortal ilusão a respeito de si que leva a pensar que tal haver confere à personalidade como tal um preço qualquer, ou um sentido interior. Essa total deformação de valores, que cava um abismo cada vez mais intransponível entre o possuidor e a pessoa obrigada a deixar-se comprar, é a sífilis moral que decorre da prostituição e que, como a sífilis propriamente dita, acaba infectando também os indivíduos não diretamente envolvidos nessa causa primeira.

Essas reflexões indicam o único ponto de vista a partir do qual a prostituição pode ser corretamente julgada tanto quanto ao presente, como quanto ao futuro, a saber: no contexto da situação social e cultural global. Se a considerarmos isoladamente e não a seguirmos até suas raízes, que se estendem por toda a superfície do solo em que se edifica a sociedade, correremos o perigo de avaliá-la a partir de uma "moral absoluta" e, assim, julgá-la sem compreendê-la, seja banalmente, seja sem eqüidade. A necessidade da prostituição nas culturas de nível mais elevado baseia-se na defasagem temporal entre o início da maturidade sexual e a maturidade intelectual, econômica e psicológica do homem. Porque esta última, com razão, é exigida antes que a sociedade autorize o homem a fundar seu próprio lar. Contudo, a luta acirrada pela existência não cessa de adiar a independência econômica. As complicadas exigências da técnica profissional e da arte de viver proporcionam cada vez mais tarde a plena formação do espírito; o caráter deve se impor através das dificuldades sempre crescentes das situações, das tentações, das experiências, para que se lhe possa confiar a responsabilidade de outras existências, a educação das crianças. Assim, o momento em que um homem pode legitimamente possuir uma mulher é retardado cada vez mais e, como a constituição física ainda não se adaptou a esse estado de coisas, despertando aliás o instinto sexual com uma precocidade bem pouco mudada, é fatal que um aumento de cultura acarrete uma necessidade maior de prostituição. Podemos deixar de lado aqui a questão de saber se um aumento da moralidade não estaria em condições de reprimir as pulsões pré-nupciais, porque, justamente, nada caminha nesse sentido por enquanto, e porque queremos contar apenas com fatos. As associações pró-moralidade pretendem, por certo, que tal repressão seria não só possível como desejável, no interesse da saúde. Contudo, de que maneira a natureza seria indulgente o bastante para autorizar que se desdenhe impunemente tão forte instinto, simplesmente porque as contingências da cultura não lhe permitem satisfazer-se com toda a legitimidade? Em suma, uma necessidade de pessoas aptas a satisfazê-lo existe na sociedade. Por outro lado, esta se dá conta de tudo o que perde com essas vidas jogadas fora e não ignora em absoluto que essas mulheres são pura e simplesmente massacradas, vítimas das pulsões alheias. É, pois, muito bonito que a "boa" sociedade tenha semelhantes sentimentos; no entanto, é bastante estranho que ela seja tão sensível sobre esse ponto e mostre uma consciência moral tão delicada em nome das vítimas que sua própria conservação custa! Acaso ela não delega, sem outra formalidade, milhares de trabalhadores às minas, destinando-os a uma existência que mal vê o sol e que, dia após dia, ano após ano, é sacrificada em relação à sociedade — aparentemente o sacrifício de serviços bem definidos, na realidade o sacrifício de uma vida inteira? Porque aqui o serviço, tal como no caso das prostitutas

— a despeito de um conteúdo absolutamente divergente —, determina o nível da existência global, impondo por si mesmo o mais estreito limite a seus atrativos e suas liberdades. Do mesmo modo que o desempenho técnico e científico relacionado ao trabalhador não pode se reduzir ao fato de que este lhe custa sofrimentos no momento, mas encerra implicitamente sua formação anterior e todo o seu passado, também há no serviço das prostitutas todas as suas conseqüências e conexões, a atitude global e o futuro global do prestador do serviço, que se acham numa relação tão necessária com o serviço quanto o passado acima mencionado. O falso individualismo, que destaca o indivíduo de seus bens sociais para considerá-lo "em si", isola igualmente seu serviço dos vínculos que tem com o resto de sua vida e desconhece que a sociedade, parecendo não pedir mais que o sacrifício dos serviços isolados, exige de fato, tanto do mineiro quanto de inúmeras outras pessoas, o sacrifício de sua vida inteira. O trabalhador da mina de arsênico ou de uma fábrica de espelhos, em suma, de toda empresa que apresente um perigo imediato ou uma ameaça de intoxicação lenta, acaso não representa puros sacrifícios que a sociedade impõe a outros, ou, digamos, a si mesma, para sua própria conservação? E ela os reclama ou os fornece sem se comover com isso. Por que, então, não sacrificaria alguns milhares de moças para possibilitar aos homens não casados uma vida sexual normal e proteger assim a castidade das outras mulheres? Será que a necessidade ou o impulso de possuir espelhos seria mais urgente que a necessidade sexual, mais importante que esta? Acho nobre e moral não ver com sangue-frio moças lançadas na perdição, na ruína exterior e interior; mas seja-se então conseqüente o bastante para se indignar também com esses outros sacrifícios, muitas vezes bem mais cruéis. Pois é uma medida estranhamente desigual a que se aplica aí, conquanto as razões dessa desigualdade tampouco sejam difíceis de detectar. Elas residem, de um lado, em que não se gosta de confessar abertamente a necessidade da prostituição no atual estado de coisas; de outro, em que se repugna igualmente considerar a existência de ditos trabalhadores como um sacrifício na e pela sociedade. Essas duas tendências, mais a dificuldade de reconhecer a identidade da forma através da diversidade imensa dos casos em matéria de conteúdo e de moral, fazem que a identidade de comportamento social em relação às duas categorias seja rejeitada ao invisível.

Num ponto, não há ilusão alguma a se ter: enquanto o casamento existir, a prostituição também existirá. É só com o amor plenamente livre, quando caducar a oposição entre legitimidade e ilegitimidade, que não se precisará mais de pessoas especiais dedicadas à satisfação sexual do gênero masculino. Para não ser contraído levianamente, com risco de perder ambas as partes, o casamento monogâmico com obrigação de fidelidade — pelo menos diante de si mesmo — deverá ser realizado numa idade em que o instinto sexual já se manifesta há anos. Sem dúvida, numa sociedade socialista, o limite do casamento será abaixado, dado que o indivíduo ver-se-á aliviado da preocupação econômica individual para com a mulher e os filhos; mas dever-se-ia, então, exigir ainda mais certa maturidade por outro lado, a fim de que essa facilidade exterior não leve a alianças estabelecidas apressada e frivolamente; e, muito embora uma educação melhorada possa acelerar a vinda dessa maturidade, um fato a ela se opõe: o aperfeiçoamento das espécies na natureza, e também do homem, supõe um retardamento de toda evolução, pois os filhos de pais demasiado jovens são débeis ou degenerados. Ora, dado que as impulsões poligâmicas se encontram na natureza masculina, o casamento monogâmico exige, inclusive depois da supressão de todas as dificuldades econômicas e visto unicamente como uma instituição erótico-moral, um tipo de homem que tenha tido a oportunidade de se examinar e se conhecer, não um adolescente em flor, ainda que, por certo, nele também se agitem em plena força as pulsões carnais. Se, de um lado, não se pode autorizar este último a ligar-se a uma mulher para o resto da vida, de outro não se poderia recusar-lhe a expressão de seus instintos naturais.

Mas como deverá satisfazê-los? Só restam duas formas possíveis. Seja a que encontramos em muitos povos primitivos, em que as mulheres têm, antes do casamento, a escolha plenamente livre de sua vida amorosa, sem serem impedidas, nem exterior nem interiormente, de contrair a seguir um casamento monogâmico; seja a prostituição, que designa inteiramente para esse fim certas pessoas, a fim de dispensar todas as demais. Não posso crer na primeira possibilidade. Quanto mais se desenvolve e se aperfeiçoa a humanidade, mais se individualizam as relações entre homem e mulher; justamente, quando o casamento não se fizer mais por compra ou coerção, mas repousar na simpatia puramente interior, a ausência de freios que o precede não lhe fornecerá mais a base para se edificar. Nessas circunstâncias mais grosseiras, em que não existem ainda as mais elevadas inter-relações psíquicas entre os sexos, a vida anterior da mulher pode permanecer indiferente em relação ao casamento; porém, quanto mais o casamento se interioriza e se personaliza, mais se complica o salto que leva da poliandria a ele. Sem dúvida, isso também vale aparentemente para o homem, mas esse fato não o impedirá, como não impedirá a mulher, de satisfazer antes do casamento seus instintos físicos, visto que esta, pelo seu caráter sexual psicofísico, chega à maturidade nupcial antes do homem e pode, por conseguinte, casar-se antes dele; os motivos econômicos não se oporão mais a isso, como hoje em dia, e portanto todo o problema desaparecerá mais ou menos para elas. Enquanto o amor livre não se generalizar, sempre será preciso certo número de mulheres para preencher a função das atuais prostitutas. Que não haverá mais prostitutas a partir do momento em que não forem vítimas da miséria, é uma objeção evidente, mas não de uma solidez a toda prova. Porque as necessidades sociais suficientemente fortes criam quem delas se encarregue, a todo e qualquer preço. As finalidades sociais proporcionam-se os órgãos de que carecem, não só quebrando exteriormente as resistências individuais, mas também superando-as no interior das próprias pessoas. Todavia, a condição necessária, indispensável, para que a prostituição se efetue numa sociedade verdadeiramente humana é, sem dúvida nenhuma, que se eleve a posição das prostitutas. Se, por um lado, adere-se firmemente à instituição do casamento, se, portanto, admite-se que este só poderia ser contraído bastante tempo depois da maturidade sexual dos homens, e se, enfim, quer-se que os instintos não sejam reprimidos (quando mais não fosse por ser isso impossível), sem tampouco pôr à disposição deles a totalidade das moças, daí decorre que se impõe uma reforma da prostituição, e que seria perfeitamente injusto fazer as moças submetidas a semelhante exigência social arcarem com o ônus disso. Ora, a sociedade burguesa faz exatamente assim, as prostitutas são os bodes expiatórios que se punem pelos pecados cometidos pelos homens da "boa sociedade". É como se uma curiosa deformação ética oferecesse uma expiação à má consciência social, fazendo a sociedade rejeitar cada vez mais as vítimas de seus pecados, submergindo-as numa desmoralização cada vez maior: ela se arroga o direito de tratá-las como criminosas. É um caráter constante de nossa sociedade cobrar as mais elevadas exigências, em matéria de firmeza de caráter e de resistência às tentações, precisamente daqueles a quem ela mais priva das condições da moralidade. Ela pede ao proletário faminto mais respeito pela propriedade de outrem do que aos barões da Bolsa ou aos pilantras da nobreza; e exige do trabalhador uma modéstia e uma simplicidade máximas, enquanto lhe põe cotidianamente diante dos olhos a tentação do luxo de todos os que ele fez enriquecer; ela se horroriza muito mais com a criminalidade das prostitutas do que com a de qualquer outra categoria, sem pensar que deve ser muito mais difícil para o excluído superar a tentação de agir mal do que para aquele que se acha confortavelmente instalado em seu seio. Em suma, ela impõe o dever de maneira tanto mais estrita quanto mais torna seu exercício complicado. Uma organização social mais moral mudará as coisas. Ela reconhecerá que não se tem o direito de dar a quem quer que seja a ocasião de sentir-se inimigo da sociedade; mostrará que, inúmeras vezes, longe da sanção seguir o delito, foi a sociedade que começou por punir, provocando assim o delito; e quando admitir que existe em seu seio algo como a prostituição — a qual será necessária enquanto a sociedade se ativer ao casamento monogâmico — deverá elevar a posição social desse gênero de mulheres, para eliminar desta forma o aspecto nocivo do fenômeno. Porque, se a prostituição é um mal secundário, os fenômenos secundários que dela decorrem por sua vez — desmoralização, depravação geral das mentalidades, criminalidade das prostitutas — representam os piores males, mas não lhe são necessariamente vinculados, porque procedem hoje apenas de sua posição excepcional, devida ao regime exclusivo da circulação monetária, à arrogância dos *possidentes* em relação à oferta e ao farisaísmo de nossa sociedade. Quando, vítimas das circunstâncias, as prostitutas não tiverem mais de pagar pelos pecados alheios, não serão mais tentadas a merecer essa punição de certa forma *a posteriori* por seus próprios pecados.

O que complica a construção do futuro, a esse respeito como a qualquer outro, é o fato de que podemos contar apenas com a atual constituição fisiológica da humanidade. Só poderemos apreciar a dose de prazer e de sofrimento e, de modo geral, as reações físicas que decorrerão dos estados de coisas por vir e que nos permitirão medir o valor destes, se concebermos o efeito de semelhantes situações sobre *nós mesmos*; ora, somos produtos do passado tal como este foi até aqui, e todo o nosso modo de sentir é determinado por circunstâncias que se modificarão inteiramente em seguida. A posição da prostituição depende dos sentimentos sociais que ela desperta e não podemos saber em que medida a eliminação do capitalismo e de suas conseqüências os alterará. Conquanto se possa dar por certo o fim do atual desprezo pelas decaídas e de sua exclusão, que acarretam por uma terrível interação sua desmoralização sempre crescente, é provável que a mulher que viver de maneira monogâmica despertará, enquanto subsistir o casamento monogâmico, o sentimento de um valor pessoal mais elevado que o da mulher que se entregar a vários homens; e, na medida em que o casamento é o objetivo definitivo da relação entre os sexos, a prostituição continuará a ser sentida como um mal necessário. É esta a conseqüência do conflito entre as exigências da maturidade sexual e as exigências da maturidade nupcial, conseqüência cujo caráter trágico não pode ser suprimido, mas apenas atenuado, contanto que se vejam suas vítimas não mais como sujeitos de um erro individual, mas como objetos de um erro social.

Ademais, todas essas considerações serão modificadas se uma das condições herdadas da atual situação ainda vier a mudar. Admitimos que as mulheres, também no futuro, estarão maduras para o casamento numa idade mais jovem do que os homens, de sorte que não existem para nenhuma delas as dificuldades provenientes, para os homens, da chegada mais tardia desse prazo. Mas, e se esse desenvolvimento individual mais precoce não fosse mais que a conseqüência do não-desenvolvimento da espécie? Através de toda a natureza, vemos os seres se desenvolverem tanto menos depressa e alcançarem tanto mais tarde o ápice da sua formação quanto mais mostram nobreza e perfeição e ocupam na escala geral uma posição mais elevada; os animais inferiores são os primeiros a se formarem completamente. Talvez a opressão da mulher, que a fez aparecer durante milênios como ser menos desenvolvido, tenha tido essa conseqüência; quanto menos numerosas as exigências a que um organismo dado deve responder, mais simples as funções para as quais ele deve se formar e mais rápido seu acabamento. Ora, se agora desaparecer a pressão exercida sobre as mulheres, de sorte que sejam chamadas a abandonar seu estado menor para confirmar sua força específica, para desenvolver suas disposições mais diversas, pode ser que também se elimine essa diferença em relação aos homens e que sobrevenha nelas, então, tão tarde quanto neles, o prazo da maturidade individual; para elas também, nesse caso, a formação do espírito e do caráter requerida pelo casamento durará muito mais tempo do que a das funções e das pulsões psicológicas. Como essas últimas procurarão se exprimir, as mulheres ver-se-ão postas, por sua vez, diante da alternativa entre a ascese e a satisfação física antes do casamento. As conseqüências de tal igualdade de condições para ambos os sexos são incalculáveis, a não ser que nos percamos em fantásticas cogitações; somos pouquíssimo capazes de abraçar com o olhar as mudanças simultâneas em todos os demais pontos da constituição social, mudanças que contribuem de maneira decisiva para modelar as relações entre os sexos. Devemos considerar como ideal último de toda essa evolução a adaptação harmoniosa da formação físico-sensível e da formação espiritual-caracterológica, tornando ambas indissociáveis no tempo daí em diante. Se, nas culturas menos elevadas, a maturidade de fato sobrevém simultaneamente desse duplo ponto de vista, e se neles portanto a regulação das relações entre os sexos é simples, a cultura evoluída, ao contrário, dissociou os dois aspectos, criando com isso as dificuldades existentes nessas relações. É uma tarefa da nossa organização, de eficácia sempre crescente, re-harmonizar os aspectos em questão num nível superior, em conformidade com as grandes regras da evolução, que, em seu auge, com freqüência espiritualiza, completa, reproduz no estado purificado as formas de sua realidade primeira no estado nascente.

SOBRE A SOCIOLOGIA DA FAMÍLIA
(1895)

I

As novas ciências que entram em cena gozam de uma vantagem duvidosa: a de terem a oferecer um refúgio provisório para todos os problemas possíveis que estão no ar, pouco fáceis de abrigar. Suas fronteiras inevitavelmente desprovidas de precisão e defesa atraem todos os sem-pátria, até que seu crescimento expulse de novo, pouco a pouco, os elementos inconvenientes e os rechace para trás de barreiras por certo decepcionantes, mas por isso mesmo aptas a prevenir futuras decepções. Assim, mal a massa confusa de problemas que acossavam a nova ciência da sociologia começa a se esclarecer, esta põe-se a não mais conceder sem escolha o direito de asilo em seu seio e, conquanto não se deixe de contestar a forma mais precisa que seguem os contornos de seu domínio, aparecem por toda parte sérios esforços científicos para determinar tais linhas. Por um momento, a sociologia pareceu ser a fórmula mágica que prometia a solução de todos os enigmas, tanto da história como da vida prática, tanto da moral como da estética, tanto da religião como da política, e ainda é bastante comum assim considerá-la, por exemplo, na França. Na Alemanha e na América do Norte, porém, nasceram essas teorias mais modestas, que renunciam a recapitular numa só e única ciência o conhecimento de tudo o que já esteve em jogo no âmbito de uma sociedade. Elas compreendem a nova ciência como um ramo da psicologia, daquela que trata dos processos psíquicos ocasionados no indivíduo pelo social e expressos em termos sociais, seja como a ciência dos pressupostos comuns a todos os conhecimentos relativos à sociedade, seja como a filosofia do devir social, seja enfim como o estudo dos termos em que os homens se socializam e que mostram a mesma essência e a mesma evolução através de toda a multiplicidade dos objetivos e dos conteúdos em torno dos quais se cristalizam as sociedades.

Para todas essas finalidades mais bem delimitadas da sociologia, a história da família oferece um material de particular importância. Porque temos aí uma socialização de um pequeno número de pessoas, que se reproduz no seio de cada grupo mais vasto exatamente sob a mesma forma e que emana de interesses simples, acessíveis a cada um — portanto, um fenômeno facilmente conhecível por todos esses motivos. Temos, ademais, uma extraordinária multiplicação das formas familiares nos diversos níveis de cultura, e como a família é, em geral, um agrupamento duradouro, apesar de todas as modificações das outras formas de vida, podemos examinar com precisão sua essência própria e sua força, baseando-nos na influência que ela exerce em matéria de relações matrimoniais e de parentesco; enfim, o casamento e a família conjugam, apesar de sua estrutura simplíssima, um sem-número de interesses bastante diversos — eróticos ou econômicos, religiosos ou sociais, interesses de poder ou de desenvolvimento individual —, mostrando com isso, por meio de um exemplo transparente, como todos esses momentos, em sua combinação e na preponderância alternada de um ou outro, atuam sobre a vida dos homens juntos. É a partir desses pontos de vista que quero expor aqui alguns fatos e algumas reflexões que decorrem das pesquisas e das análises sociopsicológicas mais recentes no domínio da história da família.

A hipótese histórica que primeiro vem ao espírito é a de que o casamento emana de um estado em que as relações entre homem e mulher não conheciam mais regras que as existentes entre os animais e, portanto, mudavam arbitrariamente. As disposições fixas, as normas limitativas aparecem-nos, a princípio, como estágios ulteriores de evoluções que começaram por um caos absurdo, e é assim que as relações definidas, duradouras, que designamos como casamento e família, pareciam-nos poder resultar tão-somente da disciplina social, da busca comprovada da eficácia; pois somos obrigados a considerar como o mínimo do casamento essa relação entre o homem e a mulher que vai além do nascimento do filho e em que se exerce em comum uma previdência vital. Essa concepção que induz a uma ausência do casamento, originalmente, encontrou seu principal apoio no que se chamou de matriarcado. Há algumas décadas, como se sabe, descobriu-se que entre numerosos povos naturais, e provavelmente também nos primeiros estágios por que passaram os povos hoje civilizados, não era o pai, mas a mãe que constituía o centro da família. Mesmo onde o casamento já existe, a criança pertence com freqüência não à etnia do pai, mas à da mãe; o pai não é tido como parente da criança e esta, por sua vez, não herda do pai, mas do irmão da mãe. Era deveras tentador explicar essa estranha relação como uma conseqüência e um resíduo de estados anteriores, em que o pai em geral não era conhecido, porque não existia laço nupcial definido e a comunidade das mulheres era o regime dominante. Ora, descobriu-se recentemente que, em vários grupos de povos, são justamente as frações na base da escala que adotam o patriarcado e conhecem a descendência e a herança em linha paterna, enquanto as mais evoluídas têm a sucessão em linha materna, que deve ter se fixado no grau mais baixo e, em seguida, dele se afastado. Entre os índios de estágio mais evoluído, que, quando da chegada dos europeus, já cultivavam os cereais e possuíam uma sólida organização social, é sempre a ascendência feminina que prevalece; entre os índios do estágio inferior, a que faltam ambas, é a masculina. A mesma relação exatamente se encontra entre os aborígines da Austrália; e mais: parece estabelecido que o patriarcado era, lá, a primeira forma de família existente e que a partir dele desenvolveu-se, por motivos ainda desconhecidos, a sucessão em linha materna, isto é, a filiação da criança à tribo da mãe, se bem que, no caso, não se trate de comunidade de mulheres, nem de paternidade incerta.

Esse argumento maior, que depõe a favor da ausência inicial de qualquer relação individual e duradoura entre homens e mulheres, mostra-se assim caduco. De resto, oferece-se aqui uma visão interessante sobre o sentido de todas essas reconstituições de estados anteriores a partir dos mais tardios. Baseando-se nos efeitos do ciúme, um pesquisador é, por exemplo, levado a construir a necessidade de um estado originário de liberdade completa e de promiscuidade. Porque se, desde o início, tivesse existido uma propriedade privada das mulheres, nenhuma formação tribal, nenhuma organização teriam sido possíveis: os sentimentos ciumentos dos homens teriam sufocado em germe toda vida coletiva próxima, toda associação cooperativa. Para que se chegue a uma vida assim, à constituição de grupos maiores e mais duradouros, precisa-se supor uma tolerância recíproca dos homens adultos, uma ausência de ciúme, isto é, portanto, relações sem limites entre cada homem e cada mulher. Outro estudioso conclui rigorosamente o inverso: é justamente no seio das situações que acabamos de citar que o ciúme devia se desenvolver continuamente. Enquanto não há relações regulamentadas entre os sexos, pretende ele, o homem tem uma propriedade exclusiva de sua companheira, que está fora de cogitação para os outros, e a luta pelas mulheres — visto que elas não são todas igualmente desejáveis — é obrigatoriamente a fonte de constantes querelas entre os indivíduos masculinos. Foi preciso, a princípio, que suas relações com as mulheres fossem preservadas pelo isolamento, fossem garantidas, e que a propriedade das mulheres fosse limitada, sem dúvida, mas em compensação protegida em relação a outro homem, para que se pudesse alcançar a paz no seio de um grupo e, deste modo, as organizações mais vastas e mais viáveis. Esses dois fatos — a saber, que temos tais organizações diante dos olhos e, por outro lado, que o sentimento do ciúme afasta os homens uns dos outros — levam, pois, um à conclusão de que, no início da evolução, só podia reinar um estado de coisas sem regras, o outro, um estado de coisas regrado.

Fundou-se outra prova da ausência original das relações conjugais bem definidas no fato de que, entre muitos povos, designa-se o sobrinho e a sobrinha da mesma maneira que o filho e a filha, ou ainda o primo e a prima da mesma maneira que o irmão e a irmã. Essas denominações só podem aparecer no caso em que cada mulher tivesse uma relação conjugal com todos os homens de seu grupo, portanto também com seus próprios irmãos; o pai e o irmão da mãe e, por conseguinte, o filho e o sobrinho, eram nessas condições freqüentemente idênticos, ou, pelo menos, não se podiam distinguir. Ainda que tal estado de coisas não fosse mais encontrável em parte alguma hoje em dia, essa denominação demonstraria, no entanto, que deve ter existido outrora; porque semelhantes sistemas de nomes jamais surgiriam senão para exprimir situações reais, continuando porém a sobreviver depois de ter perdido qualquer sentido desde há muito por causa da evolução subseqüente destas. Ora, mesmo essa demonstração de um comunismo conjugal original revelou-se insuficiente, sobretudo depois que conhecemos melhor a situação dos aborígines da Austrália e pudemos deduzir, desse conhecimento, que a denominação de filho ou pai, entre os povos primitivos, não indica necessariamente qualquer parentesco, mas apenas uma diferença de idade, do mesmo modo que, entre nós, tais usos lingüísticos permanecem em voga. O aborígine da Austrália divide o curso da vida, para cada um, em três fases: a criança, o jovem, o velho (ou a jovem, a velha). Originalmente, essa estratificação por gerações determinou exclusivamente a expressão do parentesco para as pessoas; em outras palavras, os membros da camada mais antiga eram indistintamente designados como ''pais'' ou ''mães'' da camada mais jovem, os da superior como avós da recente. As expressões pai ou mãe, filho ou filha, não significam, pois, em absoluto, a relação fisiológica de parentesco sanguíneo que nós associamos ao termo correspondente, mas unicamente as distinções entre jovens e velhos. Todavia, o australiano conhece com bastante exatidão sua mãe e seu verdadeiro pai, sem possuir vocábulo especial para distingui-los idealmente dos outros membros da mesma camada. A que ponto faltam, aqui, de fato, o conceito e o léxico, mas não a capacidade real de efetuar a distinção, prova-o um fenômeno: muitas etnias sequer têm um termo especial para o pai e outro para a mãe; se querem assinalar a diferença dos sexos no âmbito da geração anterior, são obrigados a acrescentar a palavra homem ou mulher à expressão comum para ambos. Portanto, não se pode pretender aqui que a falta de uma expressão distinta assinale uma impossibilidade ou uma ausência de distinção, como não se poderia deduzir, da designação indistinta de todos os homens mais velhos pelo termo de pai, que há um não-conhecimento efetivo ou anterior do pai e, portanto, comunismo conjugal.

Nenhum fato constatável nos obriga, pois, a fazer o casamento monogâmico — ou, em geral, toda forma definida de casamento, regida pelo costume e pela lei — suceder a um estado primitivo de total ausência de regras. Ao contrário, é possível que o ser humano, do mesmo modo que muitos animais, em particular a maioria dos pássaros, seja monógamo por natureza e só tenha chegado a uma liberdade de relações sem entraves, à poliandria ou à poligamia, em virtude de circunstâncias especiais, como ocorrem em todos os domínios para modificar ou desgarrar as aspirações naturais. Muitas considerações depõem a favor dessa hipótese. Primeiro, uma arbitrariedade total, sem nenhuma regra, na relação entre o homem e a mulher, não é observada em nenhum povo conhecido da terra; e, onde a arbitrariedade existe parcialmente, as curiosas contradições que surgem então indicam que não se deve considerá-la como uma fase universalmente válida da humanidade. Há, por exemplo, alguns povos naturais em que as moças conhecem uma liberdade absoluta e até gozam de uma consideração particular quando possuem inúmeros namorados, o que provaria a força de seus encantos, ao passo que permanecem totalmente fiéis a seu esposo a partir do momento em que contraem casamento. Há outros povos dos quais se relata exatamente o contrário: castidade mais estrita das moças e gosto pela aventura sem limite entre as mulheres. Que a poligamia não possa ser uma forma típica de casamento, decorre de um simples fato: por toda parte, há mais ou menos tantas mulheres quantos são os homens, a posse de várias mulheres é sempre, pois, apenas o privilégio de alguns, mas é vedada à grande massa. Também a poliandria só existe em circunstâncias bem especiais, por exemplo, nos altiplanos do Tibete, onde a dificuldade de se alimentar é tão grande que o casamento parece, para os homens, um compromisso pesado e difícil, de modo que, por isso, eles partilham esse fardo entre vários. Digamos também que a maioria dos casos de poliandria revelaram-se não uma forma de casamento propriamente dito, mas um monocasamento com múltiplos amantes. Ao lado de semelhantes formas também existem muitas variedades mistas, por exemplo esses casamentos ditos "três quartos" que se puderam observar numa tribo árabe. Nela, ao contrair matrimônio, a moça se compromete a ser fiel ao esposo certo número de dias por semana. Um viajante descreve de maneira bastante divertida como os presentes de casamento do noivo são examinados pelos pais da noiva e, a princípio, considerados tão insignificantes que não se pode prometer em troca mais que dois dias de fidelidade por semana, até que, enfim, depois de um regateio assaz apaixonado, a sogra pronuncia a fórmula salutar: "Minha filha te será fiel segunda, terça, quinta e sexta!" Outra forma mista é constituída pelos casamentos temporários dos muçulmanos xiitas. São casamentos legais, dependentes de considerações prescritas, mas apenas por um prazo previamente estabelecido, indo de uma hora a 99 anos. Os filhos de tal casamento, plenamente reconhecidos em direito, são tão legítimos quanto os de um casamento por toda a vida. Enfim, há uma forma bizarra de casamento entre os aborígines da Austrália de condição bastante inferior, que representa momentaneamente o grau de evolução mais baixo de nossa espécie. Suas tribos são, em sua maioria, divididas em classes matrimoniais. Entre os kamilaroi, por exemplo, há duas classes: numa delas, os homens chamam-se jppai e as mulheres jpatta; na outra, os homens, cubbi, e as mulheres, cubbota. Ora, um jppai tem o direito de se casar exclusivamente com uma cubbota, e um cubbi com uma jpatta, e o casamento do primeiro com uma jpatta, ainda que esta não tenha nenhum vínculo de sangue com ele, é terminantemente proibido. Em compensação, porém, ele é tido como potencialmente casado, de certa forma, com todas as cubbotas existentes; e se, numa aldeia bem distante, ele encontrar uma que nunca vira antes é natural para ambos que estabeleçam uma relação conjugal, por mais fugidia que seja. Todas essas múltiplas formas de relação entre o homem e a mulher se caracterizam como o resultado de circunstâncias históricas particulares e nenhuma nos revela um "estado original" a que conduziria algum instinto natural, a ser pressuposto regularmente por toda parte. No entanto, se tal estado deve existir, então a monogamia não é absolutamente menos atestada que a ausência de regra. Melhor, o casamento tende por toda parte a evoluir da poligamia e da poliandria à monogamia. Das duas primeiras formas, relata-se quase geralmente que uma das mulheres ocupa uma posição legal ou habitualmente dirigente entre as diversas esposas de um homem — a primeira desposada, ou a mais distinta, ou a favorita. Por esse motivo, as mulheres zulus, por exemplo, esforçam-se inclusive para comprar uma segunda esposa para seus homens com suas próprias economias; de fato, esta última tem a situação de uma criada em relação à primeira. A posição do *primus inter pares*, que a mulher principal assume na poligamia, evolui, de ordinário, como em geral é próprio dessa posição, para a do *primus* simplesmente: acontece que também os filhos das mulheres secundárias consideram a esposa superior como sua verdadeira mãe. Quanto mais a posição dessa mulher adquire importância, mais a das outras mulheres é rebaixada, até esse processo sociológico de separação levar a que não reste mais que uma esposa no casamento, tornando-se então ilegítimas ou proibidas todas as relações secundárias com outras mulheres. Assim, poder-se-ia muito bem conceber essas relações de um outro tipo como etapas intermediárias, diante das quais o instinto monógamo dominaria tanto as precedentes como as seguintes. Este seria apenas um dos casos freqüentes em que o mais alto grau de desenvolvimento reproduz a forma do mais baixo, mas purificada, garantida, aperfeiçoada. Dito isso, essa indubitável possibilidade ainda não é, decerto, uma probabilidade. O que se me revela como tal, no caso, é antes a idéia de que à diversidade infinita das formas de casamento também corresponde uma diversidade das disposições e instintos originais. Do mesmo modo que, no interior de um meio social idêntico, os indivíduos, apesar de toda a igualdade das circunstâncias exteriores, se comportam a esse respeito da maneira mais diversa possível, coexistindo naturezas resolutamente monógamas com outras resolutamente polígamas, também grupos inteiros podem ter mostrado, desde o início de sua evolução, instintos opostos e, portanto, estados opostos. Nesta como em muitas outras questões, é mostrar uma docilidade errônea em relação à pulsão unitária de nosso pensamento querer construir, a qualquer preço, sob a diversidade dos fenômenos históricos, um mesmo começo pré-histórico.

II

Podem-se conceber como se quiser as relações primitivas de casamento e não-casamento. Em todo caso, parece-me incontestável que o núcleo fixo em torno do qual a família cresceu não é a relação entre o homem e a mulher, mas entre a mãe e o filho. É este o pólo estável na seqüência de acontecimentos que assinala a vida conjugal, ou ainda a relação por toda parte idêntica, no essencial, enquanto a relação entre os esposos é suscetível de mutações infinitas. É por isso que, em inúmeros povos primitivos, a relação do pai de família com os filhos não é em absoluto direta e baseada na natureza, como entre nós. O filho pertence à mãe; e ao pai unicamente na medida em que a mãe lhe pertence — do mesmo modo que os frutos da árvore pertencem ao proprietário desta. Causa ou conseqüência disso, encontramos inúmeras vezes uma indiferença quase incompreensível a nossos olhos para com a identidade do verdadeiro pai físico da criança; desde que a mãe pertence a um homem determinado, o filho é dele, pouco importa que ele saiba, eventualmente, que nas veias dessa criança não corre seu sangue. Daí a freqüência do empréstimo e da troca de mulheres entre os povos naturais. O que caracteriza as primeiras formas da família não é, portanto, como se acreditou, o anonimato do pai, mas a indiferença quanto à sua identidade no sentido fisiológico. Vou citar alguns exemplos contundentes para mostrar a que ponto a noção de pai pode ser puramente jurídica, de todo estranha à questão do vínculo sanguíneo. Em alguns povos, os meninos impúberes são noivos de moças adultas que, até a maturidade dos primeiros, têm relações com outros homens, freqüentemente com o sogro. Os filhos dessas ligações são tidos, então, sem nenhum problema, como filhos do menino, que é o proprietário jurídico da jovem mulher. Entre os cafres, o filho herda mulheres de seu pai. Ele próprio não as toca, mas empresta-as a outros, e os filhos assim gerados são seus filhos, isto é — reforçando ainda mais a concepção em questão aqui —, são tidos como filhos do falecido, como no casamento do levirato; e, dado que toda propriedade deste passa para o filho, os filhos supracitados também lhe pertencem agora, no caso diretamente, e não por algum ato de adoção ou reconhecimento particular. No entanto, o caso mais notável é o fenômeno, freqüente no seio das tribos primitivas, segundo o qual os homens se esforçam diretamente por fazer suas mulheres terem relações com o chefe, o sacerdote ou outros homens eminentes, porque crêem que os filhos — que, nada obstante, são sempre seus — herdarão as eminentes qualidades de seu procriador, o que deve ser proveitoso para eles e sua família. Portanto, temos aqui um estatuto de procriador claramente consciente, rico de conseqüências, tão nitidamente dissociado da paternidade que nós, a cujos olhos a unidade dos dois é ponto pacífico, não somos mais capazes de compreendê-lo. A noção de pai teve de percorrer uma longa evolução antes que seu sentido original, que incluía apenas a posse do filho por meio da posse da mãe, se tornasse o de uma relação direta e individual entre o procriador e o filho.

Essa evolução está ligada, provavelmente, à da propriedade privada. Quando o homem adquiriu e defendeu pela luta e o trabalho uma posse pessoal mais vasta, desejou deixá-la a um herdeiro de seu próprio sangue. A herança dos bens, creio eu, é a noção a partir da qual cresceu e fortaleceu-se a de uma transmissão do sangue, sob o aspecto aqui considerado. A paternidade não adquiriu demasiada importância enquanto não acarretou conseqüências notáveis em matéria de propriedade. Em compensação, assim que surge, esse interesse traz consigo a exigência de uma absoluta fidelidade conjugal da mulher, se bem que, manifestamente, a do homem não tenha a mesma raiz e, na verdade, só alcançará de maneira bem mais lenta o mesmo grau de rigor. Essa exigência em relação ao homem aparece provavelmente à medida que se desenvolve a igualdade entre homens e mulheres, igualdade em virtude da qual as restrições a que as mulheres são submetidas também parecem, para os homens, mandamentos da simples justiça, mesmo se não vale para eles a causa real que os fez surgir para elas.

Todavia esse fator genético da fidelidade conjugal, naturalmente entre muitos outros que agiram em conjunto com ele, sugere-nos o seguinte fato, que deve ser dado por certo: o amor individual, que hoje, segundo a opinião geral, é o fundamento do matrimônio e a fonte determinante das suas qualidades e do seu desenrolar, não tinha originalmente nada a ver com ele; ao contrário, as condições e conteúdos particulares do casamento decorreram de causas à parte, com muita freqüência bastante exteriores, e fizeram nascer o amor, por sua vez, como uma relação individual de coração. A princípio, a estrita monogamia no casamento deve-se tão-só à vitória do princípio democrático. Já mencionei que, em toda parte, a massa dos homens é reduzida de fato a uma mulher única, justamente porque não há maior número de mulheres para cada um; portanto, quando a poligamia é igualmente autorizada pela lei, só a encontramos de maneira regular como um privilégio de príncipes, de ricos, de personagens de algum modo eminentes. Ora, na medida em que impõe direitos face aos poderosos, direitos não só políticos, mas também morais, a grande massa imprime às suas normas de vida próprias a marca de leis étnico-sociais a que são submetidas igualmente aqueles que, a princípio, delas estavam isentos. A monogamia, que tantos fatos etnológicos nos apresentam como uma limitação exterior imposta a quem não podia esperar melhor sorte, torna-se, à medida que aumenta o nivelamento social, um mandamento interior, um mandamento moral para todos. Há nisso um princípio de explicação idêntico àquele que permite interpretar o jejum como um sinal de tristeza, como já acontece em muitos povos naturais. O medo de que o espírito do falecido volte incitou os próximos a se conciliarem com ele mediante copiosas oferendas de alimentos. Mas, como os víveres com freqüência eram escassos, os sacrifícios aos mortos engendravam por força carências, um jejum forçado que, por fim, pareceu uma conseqüência moral e religiosamente necessária de todo falecimento. Quando a monogamia se tornou uma forma permanente de casamento, somaram-se a ela, ademais, os sentimentos subjetivos, que resultam por toda parte de situações estabelecidas desde há muito e que atestam a adaptação dos indivíduos a estas. O que por vezes ainda se diz hoje para justificar os casamentos de conveniência — a saber, que o amor viria com as núpcias — comporta uma indubitável verdade no caso da evolução histórica de nossa espécie. Aqui produziu-se uma inversão que a sociologia pode constatar em pontos tão numerosos quanto importantes: o que para a espécie era uma causa, para o indivíduo é um efeito, e vice-versa. A entrada em vigor do casamento monogâmico, tal como decorria de circunstâncias econômicas e sociais, levou em geral ao sentimento específico de amor e de fidelidade por toda a vida; e agora, inversamente, o nascimento de tal sentimento é o motivo para contrair matrimônio.

É por semelhante inversão que se desenvolve a relação dos pais com sua descendência. Se todas as instituições públicas e permanentes decorrem de alguma finalidade ou utilidade para o grupo social, também deveremos perguntar: qual é, para sermos exatos, a finalidade original do casamento, isto é, da vida em comum dos pais após o nascimento de seus rebentos? O que incitou os seres humanos a estabelecerem alianças duradouras, fontes de obrigações, com freqüência restritivas, em vez de se limitarem a satisfazer momentaneamente sua paixão? A utilidade social que impeliu nesse sentido talvez tenha sido, a princípio, a maior solidez, a posterior consistência que a sociedade tirou de vínculos duradouros, um grupo cujos elementos estão reciprocamente implicados em ligações firmes, em relações confiáveis, em que um encontra no outro um apoio estável, fazendo que uma cadeia de deveres atravesse o conjunto do círculo — tal grupo revelar-se-á, portanto, na luta pela existência, mais consistente e mais resistente do que outro, cujos elementos não conhecem deveres mútuos, mas unicamente vínculos momentâneos, arbitrários, que não cessam de rebentar em todos os sentidos. Mas o principal objetivo social de um casamento sólido foi visivelmente a melhor assistência fornecida à descendência, assistência que garante esta última e já leva no mundo animal a relações de tipo conjugal. O casamento acarreta uma divisão do trabalho entre homens e mulheres que beneficia essencialmente os filhos: a mulher nutre os filhos e o homem alimenta a mulher; ou então o homem traz os víveres e a mulher os prepara para ele e os filhos. O interesse conjunto ou concorrente dos pais para o bem-estar dos filhos torna necessariamente a geração seguinte mais forte física e intelectualmente do que seria possível num grupo sem assistência comum dos pais, logo, sem casamento. O casamento cria assim, a longo prazo, uma superioridade direta do grupo em relação a outro que ignore o casamento e em que a nova geração continua abandonada às forças isoladas da mãe, ou a uma assistência comunista, desprovida de todo e qualquer interesse pessoal. Essa eficácia social do casamento permite-nos compreender um caráter notável de sua evolução. Nos povos mais diversos da terra, o casamento só é tido como válido e contraído nas devidas formas a partir do momento em que um filho nasce ou é esperado. Em muitas etnias — na Ásia, na África e na América — a mulher fica em casa de seus pais até isso acontecer; nas Filipinas e em certo distrito do sul da Índia, não existe nenhum compromisso que preceda ao casamento; numa etnia da Senegâmbia, ao contrário, as bodas só são celebradas depois do noivado. Em suma, a origem do casamento, assim relacionada à finalidade social que o faz existir por causa dos filhos, torna-o, na evolução da nossa espécie, de que os povos primitivos citados acima ainda ilustram o estágio em questão, um efeito da procriação da descendência. Do mesmo modo que o amor foi conseqüência do casamento até o casamento se tornar uma conseqüência do amor, também o amor ainda é uma conseqüência da procriação da nova geração até se instalar o estado de coisas inverso que hoje conhecemos. Essas duas inversões revelam claramente que a evolução histórica, partindo do interesse social e da norma social, conduz cada vez mais ao interesse pelo indivíduo erigido em critério: o casamento representa o interesse social face ao interesse individual do amor e, no seio de outra categoria, a existência e a assistência da nova geração representam o interesse social face à questão pessoal do casamento. É por isso que, nos estágios anteriores, os primeiros fatores citados são a causa dos últimos, enquanto nos estágios ulteriores a relação de causalidade se inverte.

Outra evolução, que desemboca de maneira análoga na inversão de seu ponto de partida, também conduz a que o amor resulte do casamento. Uma das formas mais freqüentes sob as quais encontramos o casamento nos estágios antigos da cultura é o casamento por compra. A mulher é, antes de mais nada, um animal de trabalho, tanto quanto o escravo, e inclusive, no nível mais baixo de cultura, é a única com quem se possa contar duradouramente. O desejo de conseguir uma força de trabalho é quase o único interesse propriamente individual que leva o homem primitivo ao casamento. Além disso, há apenas o desejo de ter filhos — que, de resto, não existe em toda parte. Um costume encontrado com freqüência mostra que esses dois dados são solidários: quando a noiva foi paga a crédito, os filhos do casamento pertencem aos pais desta até o valor total ser saldado. A mulher é um objeto de valor econômico; é por isso que seus pais, que até então utilizavam sua força de trabalho em seu benefício, não a abandonam a troco de nada, mas exigem uma estimativa aproximada do capital que sua força de trabalho representa. A compra da mulher indica, em primeiro lugar, a posição inferior que ela ocupa no casamento. O simples fato de sua venda significa, na maior parte dos casos, que ela não tem vontade própria e que seus pais tratam-na como objeto; é sob esse aspecto que ela entra no casamento. Trata-se, pois, para o marido, de fazê-la trabalhar o mais possível a fim de recuperar o preço pago por ela. Mas isso é apenas o aspecto exterior da forma dada ao casamento pelo processo de compra. O que adquiri com meu dinheiro, eu possuo inteiramente, de maneira mais absoluta do que qualquer posse que me tenha cabido por uma livre vontade; semelhante aquisição, de todos os pontos de vista, comporta menos obrigações, impõe menos deferências. Isso não se revela tão abruptamente quando o preço pago consiste em trabalhos pessoais do pretendente efetuados para os pais da noiva. Nesse caso, pelo menos, há uma prestação individual, um compromisso da personalidade, que deixa ao objeto assim ganho um traço de valor próprio e, portanto, não o relega integralmente à categoria de "coisa". É isso que se dá, ao contrário, quando as mulheres são compradas por dinheiro ou por um valor diretamente conversível em moeda — gado, lenha, roupas. De todos os valores que a vida prática elaborou, o dinheiro é o mais impessoal. Como serve de equivalente para as coisas mais opostas, ele permanece totalmente incolor, todos os valores pessoais, todas as individualizações da vida terminam com o dinheiro, razão pela qual diz-se pertinentemente que, nas questões de dinheiro, cessa todo sentimentalismo; ele não possui outras qualidades além da sua quantidade; é por isso também que, à sua incomparável importância para todas as exterioridades da vida, corresponde sua total falta de relação com todos os valores interiores e pessoais desta. Ora, essa essência do dinheiro influencia a estimativa de todas as coisas que se adquirem por seu intermédio. Tudo que tem uma particularidade, uma excelência bem definidas, subtraindo-se à apropriação do primeiro que aparece, nós declaramos "inestimável". Se uma mulher se vender, seja no casamento com um homem que lhe é indiferente, seja sob formas mais furtivas, isso nos parecerá especialmente repugnante pela razão de que o bem mais pessoal que o ser humano possa regalar é trocado, nesse caso, por um valor impessoal como o dinheiro. Ora, o simétrico existe nos estágios inferiores. As mulheres são, em geral, particularmente maltratadas quando vendidas por dinheiro, sua posição se eleva com o desaparecimento dessa forma de casamento.

Contudo, a mesma forma de casamento também desenvolverá necessariamente o efeito psicológico oposto. Que as mulheres representam uma propriedade útil, que sejam feitos sacrifícios por elas, são dados que, no fim das contas, revelam seu valor. Por toda parte, já disseram, a posse gera o amor da posse. Fazem-se sacrifícios pelo que se ama, mas, inversamente, também se ama aquilo por que se fazem sacrifícios. Sendo o amor materno o motivo de inúmeras devoções, as aflições e as preocupações que as mães assumem vão ligá-las de maneira ainda mais sólida a seus filhos; compreende-se então que as crianças enfermas, ou desfavorecidas de alguma outra maneira, que exigem a maior abnegação da mãe, costumam ser amadas por ela com a maior paixão. A Igreja nunca temeu pedir os mais pesados sacrifícios pelo amor a Deus, sabendo bem que aderimos com maior firmeza e maior intimidade a um princípio quando aceitamos fazer maiores sacrifícios em seu favor e nisso investimos, por assim dizer, um capital mais elevado. Portanto, é psicologicamente verossímil que a compra das mulheres, que, por um lado, as desclassificava a princípio, deve justamente tê-las elevado, por outro lado, na estima dos homens. Pode ser até que esse momento sociológico não esteja tão distante da família moderna. À posição relativamente boa da mulher no seio desta corresponde, dado o dever de manutenção por parte do homem, um sacrifício material deste último relativamente bem maior do que o preço de compra das mulheres no seio dos povos ainda rudes. Mas dado que o dever de sacrifício material é repartido, aqui, sobre o conjunto da existência, e visto sobretudo que ele beneficia a própria mulher, e não, como antes, sua família (a transição é dada, no caso, pelas épocas posteriores em que os pais deixavam o dinheiro da compra, à guisa de dote, à própria moça), acham-se justamente conservados os aspectos do sacrifício aptos a aumentar o valor do que se ganha com ele. O sacrifício feito para adquirir a mulher, o qual, originalmente, exprimia e aumentava sua opressão, sua exploração e sua reificação, já continha assim o momento psicológico cujo desenvolvimento acabado conduziu a uma mudança de avaliação direta da sua posição.

O PAPEL DO DINHEIRO NAS RELAÇÕES ENTRE OS SEXOS

FRAGMENTO DE UMA *FILOSOFIA DO DINHEIRO* (1898)

I

A etnologia mostra que a compra das mulheres não se pratica exclusiva ou prioritariamente nos estágios inferiores da evolução cultural. Um dos melhores especialistas no assunto observa que os povos civilizados que não conhecem o casamento por compra pertencem, na maioria das vezes, a raças especialmente rústicas. A compra das mulheres tanto parece um fator de rebaixamento no seio de uma condição superior, como pode agir como fator de elevação no seio de uma condição inferior. Isso por duas razões. Primeiro, ela nunca ocorre, a nosso conhecimento, no modo da economia individualista. Ela é submetida a formas e fórmulas estritas, ao respeito aos interesses familiares, a convenções precisas sobre a natureza e o montante do pagamento. Todo o seu desenrolar tem um caráter eminentemente social. Mencionarei apenas que o noivo tem muitas vezes o direito de exigir, de cada membro da sua tribo, uma cota do preço da noiva e que essa contribuição muitas vezes é distribuída na linhagem da moça. Mas a organização dos casamentos que vem à luz com a compra das mulheres representa um imenso progresso diante das condições mais grosseiras do rapto nupcial, ou ainda diante dessas relações sexuais de todo primárias, que não conheciam, sem dúvida, a promiscuidade absoluta, mas ignoravam, muito provavelmente também, a firme referência normativa que a compra socialmente regulada proporciona. A evolução da humanidade sempre atravessa estágios em que a opressão da individualidade é o ponto de passagem obrigatório de seu livre desabrochar posterior, em que a pura exterioridade das condições de vida se torna a escola da interioridade, em que a violência da modelagem produz uma acumulação de energia, destinada, em seguida, a gerar toda a especificidade pessoal. Do alto desse ideal que é a individualidade plenamente desenvolvida, tais períodos parecerão, é claro, grosseiros e indignos. Mas, para dizer a verdade, além de semear os germes positivos do progresso vindouro, já são em si uma manifestação do espírito exercendo sua dominação organizadora sobre a matéria-prima das impressões flutuantes, uma aplicação das finalidades especificamente humanas, procurando elas próprias fixar suas normas de vida — do modo mais brutal, exterior ou, mesmo, estúpido que seja —, em vez de recebê-las das simples forças da natureza. Existem hoje individualistas extremos que são, não obstante, adeptos do socialismo na prática, porque consideram-no como a indispensável preparação, como a indispensável escola, por mais dura que seja, de um individualismo justo e puro. Assim, pois, a ordem relativamente fixa e o esquematismo algo exterior do casamento por compra foram uma primeira tentativa, violentíssima, pouquíssimo individual, de dar às relações conjugais certa expressão, tão adaptada a estágios ainda rústicos quanto as formas de casamento mais individuais a tempos mais evoluídos. A troca de mulheres, uma troca natural em que poderíamos ver um primeiro grau da compra das mulheres, já adquire o mesmo sentido ante a coesão social. Entre os narinyeri da Austrália, o casamento legal propriamente dito se dá por troca das mulheres entre os homens. Quando, em vez disso, determinada moça foge com o eleito de seu coração, não só é tida como socialmente inferior, como, além disso, perde o direito à proteção que lhe é devida pela horda em que nasceu. Temos aí um fato que traduz claramente o papel social desse modo de casamento eminentemente pouco individual. A horda não protege mais a moça e rompe suas relações com ela, porque nenhuma contrapartida foi obtida por sua pessoa.

Isso nos leva ao segundo fator de elevação cultural ligado ao casamento por compra. Que as mulheres representam uma propriedade útil, que sejam feitos sacrifícios em vista da sua aquisição, são fatos que, no fim das contas, revelam seu valor. Por toda parte, como foi dito, a posse gera o amor da posse. Fazem-se sacrifícios por aquilo que se ama, mas, inversamente, também se ama aquilo por que se fizeram sacrifícios. Como o amor materno é o móbil de inúmeras devoções, as aflições e preocupações que as mães assumem vão ligá-las ainda mais solidamente aos filhos; compreende-se, então, que as crianças doentes, ou desfavorecidas de outro modo, que exigem a maior abnegação da mãe, costumam ser amadas por ela com a maior paixão. A Igreja nunca temeu pedir os mais pesados sacrifícios pelo amor a Deus, sabendo bem que aderimos de maneira tanto mais firme e mais íntima a um princípio quanto mais elevado, por assim dizer, for o capital que nele investimos. Portanto, embora a compra de mulheres exprima no imediato sua opressão, sua exploração, sua reificação, ainda assim elas adquiriram valor com isso, primeiro para o grupo parental que recebia o preço de sua venda, depois para o marido, aos olhos de quem representavam um sacrifício relativamente elevado, de modo que, em seu próprio interesse, ele devia tratá-las com deferência. Em relação às idéias avançadas, esse tratamento ainda é bastante miserável; ademais, os outros momentos degradantes que acompanham a compra das mulheres podem obstaculizar essa vantagem, a tal ponto que sua situação tornar-se-á o cúmulo da desolação e da servidão. Nem por isso deixa de ser verdade que essa compra de mulheres deu uma expressão evidente e penetrante ao fato de que têm um valor — isso num contexto psicológico em que se paga por elas porque elas valem alguma coisa, e em que elas valem alguma coisa porque se paga por elas. É compreensível então que, em certas tribos da América, a cessão de uma moça sem pagamento seja considerada um aviltamento grave, tanto dela mesma como de toda a sua família, a tal ponto que seus próprios filhos serão considerados bastardos e nada mais que isso.

É capital aqui que as diferenças de preço — socialmente fixados ou estabelecidos por negociação individual — traduzem diferenças de valor entre as esposas. Relata-se que as mulheres cafres não sentem em absoluto sua venda como um aviltamento; ao contrário, a moça orgulha-se dela, pois quanto mais bois e vacas custou, mais atribui valor a si mesma. Notar-se-á várias vezes que uma categoria de objetos determinados adquire um valor mais consciente desde que cada um peça para ser apreciado em particular, e que fortes diferenças de preço façam sentir o valor sempre novo e sempre vivo; enquanto em outros estágios da avaliação, como vimos acerca do *wergeld*, a *uniformidade* da indenização é justamente o que aumenta o significado objetivo da contrapartida. Assim, a compra de mulheres comporta um primeiro meio, grosseiríssimo decerto, para fazer sobressair o valor individual de determinada mulher em particular, portanto também, de acordo com a regra psicológica mencionada acima, o valor das mulheres em geral. Como quer que seja, também em matéria de aquisição de mulheres o estágio mais baixo é aquele em que a tradição fixa um preço uniforme para todas, como em alguns povos africanos.

Ora, o que prevalece nesse caso com toda clareza — a saber, que a mulher é tratada como simples espécie, como um objeto impessoal — constitui, com todas as reservas acima, a característica do casamento por compra. É por isso que este é visto por uma série de povos, sobretudo da Índia, como infamante, enquanto em outros lugares é praticado, mas teme-se a palavra e apresenta-se o preço a pagar como um presente espontâneo aos pais da noiva. Aqui se assinala a diferença entre o dinheiro propriamente dito e as prestações de outra natureza. Diz-se dos lapões que eles dão as filhas contra presentes, mas julgam inconveniente receber dinheiro por elas. Com respeito a todas as outras condições, tão complexas, de que a situação das mulheres depende, parece que a compra monetária propriamente dita rebaixa-as muito mais que os presentes ou as prestações pessoais do noivo aos pais da noiva. No presente, dado seu valor mais indeterminado, assim como sua escolha mais individual — ainda que essa liberdade fosse recoberta pela convenção social —, há algo mais pessoal do que na soma de dinheiro com sua implacável objetividade. Ademais, o presente realiza a junção com essa fórmula mais evoluída que, por sua vez, leva ao dote, pelo qual aos presentes do noivo correspondem os dos pais da noiva. Portanto, o poder absoluto de dispor da mulher é, em princípio, quebrado, porque o valor recebido do homem comporta em si certa obrigação; já não é ele o único a oferecer uma prestação, pois a outra parte também tem um direito a exigir. Pretendeu-se também que a aquisição das mulheres por um trabalho representava uma forma de casamento superior à compra direta. Parece, porém, que se trata da forma mais antiga e menos civilizada, o que não impediria em absoluto que fosse acompanhada de um melhor tratamento das mulheres. Porque, em si, a economia mais desenvolvida, de caráter monetário, degradou muito a situação delas, bem como, em geral, a dos seres mais fracos. Em meio aos povos mais próximos da natureza vemos hoje em dia as duas formas coexistirem com freqüência. Esse fato prova que não há diferença maior no tratamento das mulheres, se bem que, grosso modo, a oferta de um valor tão pessoal quanto a prestação de serviços põe necessariamente a mulher acima de uma escravidão, muito mais que o faz sua compra a dinheiro ou valores substanciais. Mas a isso também se aplica o que podemos reparar em toda parte, a saber: a diminuição e o aviltamento do valor humano assim adquirido são inversamente proporcionais às somas pagas. Porque, num nível muito elevado, o valor monetário possui uma raridade que lhe confere uma cor mais individual, menos intercambiável, e que portanto faz dele um melhor equivalente dos valores pessoais. Entre os gregos da época heróica, há presentes oferecidos pelo noivo ao pai da noiva, mas que não representam uma verdadeira compra, ao passo que a situação das mulheres é particularmente boa. Esses donativos, sublinha-se, eram relativamente *consideráveis*. Por mais humilhante que pareça comprometer contra dinheiro seja a interioridade do ser humano, seja a totalidade deste, o montante inabitual das somas em jogo poderá no entanto criar, como provarão melhor ainda os exemplos seguintes, uma espécie de compensação tendo em vista, em particular, a posição social do interessado. Assim, ficamos sabendo que Eduardo II e Eduardo III entregavam seus amigos como reféns, enquanto esperavam pagar o que deviam, e que, em 1340, o arcebispo da Cantuária teve até de ser mandado a Brabante como fiança — não como fiador — das dívidas do rei. A magnitude das somas envolvidas preservava *a priori* da desclassificação as pessoas assim comprometidas por dinheiro, o que não aconteceria no caso de bagatelas.

Do casamento por compra, que sem dúvida predominou em determinado momento na maioria dos povos, ao princípio oposto do dote, a passagem se deu provavelmente como já foi indicado: os donativos do noivo foram entregues pelos pais da noiva a esta, a fim de lhe garantir certa independência econômica; o enxoval da jovem esposa, dado pelos pais, subsistiu mais tarde e se desenvolveu, mesmo quando desapareceu a causa original, a soma paga pelo esposo. Não tem interesse apegar-nos aqui a essa evolução mal conhecida. Todavia, poderemos sustentar que o dote tende a se generalizar com o desenvolvimento da economia monetária. O que se encadeará como segue. Nas situações primitivas em que reina a compra das mulheres, estas últimas não são simples bestas de carga (continuarão a sê-lo em seguida, em muitos casos), mas seu trabalho ainda não é verdadeiramente "doméstico", como será na economia monetária, onde consiste principalmente em gerir no lar o consumo dos rendimentos do homem. Nessas épocas anteriores, a divisão do trabalho ainda não está muito avançada, as mulheres participam de forma mais direta da produção, apresentando portanto para seu proprietário um valor econômico mais tangível. Essa conexão se fortalece eventualmente até uma época bastante tardia. Enquanto Macaulay via na execução dos grandes trabalhos agrícolas pelas mulheres na Escócia um estado de atraso bárbaro do sexo feminino, um especialista no assunto sublinhava que elas obtinham com isso certo grau de independência e consideração junto aos homens. Ao que se soma o fato de, em condições primitivas, os filhos possuírem para o pai um valor econômico direto, ao passo que, em condições superiores, constituem não raro um fardo econômico. O proprietário inicial, o pai ou o clã, não tem a menor razão de abandonar tal valor a outrem sem uma compensação. Nesse estágio, a mulher não se limita a ganhar sua própria subsistência, e o homem pode recuperar o preço pago por ela diretamente do trabalho que ela fornece. Tudo muda quando a economia perde seu caráter familiar e o consumo não se limita mais ao que se produz para si mesmo. Vistos do lar, os interesses econômicos cindem-se em duas direções opostas, centrífuga e centrípeta. A oposição se desenvolve entre a produção mercantil e a economia doméstica; suscitada pelo dinheiro, ela acentua a divisão do trabalho entre os sexos. Por causas fáceis de se compreender, a atividade voltada para o interior cabe à mulher e a atividade voltada para o exterior ao homem, consistindo a primeira, cada vez mais, em utilizar e administrar os produtos da segunda. Assim, a mulher perde o que seu valor econômico tem de substancial e de evidente, parece doravante mantida pelo trabalho do marido. Não só, portanto, desaparece a razão de exigir e de consentir um preço para sua compra, mas também ela representa, pelo menos de um ponto de vista grosseiro, um fardo que o homem assume e com que tem de se preocupar. O dote encontra nisso seu fundamento; portanto, ele aumentará tanto mais quanto mais se dissociarem as esferas de atividade masculina e feminina no sentido acima indicado. Num povo como os judeus, em que, em conseqüência de um temperamento mais instável e de outros fatores, os homens eram bastante móveis e as mulheres, por uma correlação necessária, mais estritamente limitadas ao lar, encontramos a prescrição legal do dote desde antes do pleno desenvolvimento da economia monetária, que leva, de seu lado, ao mesmo resultado. Só esta última permite à produção conhecer a técnica objetiva, a expansão, a riqueza relacional e, ao mesmo tempo, a divisão unilateral do trabalho, que cindem o estado de indiferença primitivo entre interesses domésticos e interesses lucrativos, requerendo portanto agentes individuais diferentes no caso dos primeiros e dos segundos. Entre o homem e a mulher, a escolha não deixa margem a dúvidas, e não é menos claro que o preço da noiva, cuja força produtiva o homem comprava, deve ser então substituído pelo dote, que compensa a manutenção da esposa não produtiva, ou que concede a esta independência e segurança junto ao marido que ganha sua vida.

A estreita conexão, no seio da economia monetária, entre o dote e o regime geral da vida — quer se trate de garantir a sorte do homem, quer da mulher — explica bastante bem por que, finalmente, na Grécia como em Roma, o dote se torna o critério da esposa legítima por oposição à concubina. De fato, a concubina não conhece outra exigência com respeito ao homem, de modo que ele não precisa ser compensado do que quer que seja, nem ela ser garantida contra uma promessa não mantida. Eis o que leva à prostituição, própria para lançar uma nova luz sobre o papel do dinheiro na relação entre os sexos. Enquanto todos os donativos do noivo destinados à compra da mulher, ou à própria mulher, inclusive o presente de núpcias e o *pretium virginitatis*, podem se apresentar e se apresentam de fato como presentes em espécie ou em dinheiro, o comércio não conjugal acompanhado de pagamento requer, em geral, a forma monetária. Só semelhante transação corresponde bem a essa relação estabelecida, permite uma adequação muito melhor a ela do que a oferta de qualquer outro objeto qualificado, ao qual permanece facilmente vinculado —, por seu conteúdo, sua escolha e seu uso —, o toque da pessoa que faz a oferta. Ao desejo que culmina de imediato e que expira não menos depressa, tão bem servido pela prostituição, só convém o equivalente monetário, que não estabelece compromisso algum e permanece, em princípio, disponível e bem-vindo a todo instante. Tratando-se das relações inter-humanas, que buscam pela essência a duração, assim como a verdade interior das forças de ligação (ver, por exemplo, a relação amorosa autêntica, por mais pronta que esteja a desfazer-se), o dinheiro nunca poderá ser um mediador adequado; mas, tratando-se do prazer venal, que recusa toda relação para lá do instante e da pulsão sexual, esse mesmo dinheiro, por se destacar inteiramente da personalidade, uma vez pago, e por romper radicalmente com toda outra espécie de conseqüência, é a prestação mais perfeita, tanto de um ponto de vista real como simbólico: pagar em dinheiro é terminar radicalmente com tudo, assim como com a prostituta depois da satisfação. Na prostituição, a relação intersexos, reduzida sem equívocos ao ato sensual, vê-se rebaixada a seu puro conteúdo genérico; ela consiste no que cada exemplar da espécie pode fazer e sentir, e no que possibilita o encontro de personalidades opostas sob outros aspectos, parecendo assim abolir todas as diferenças individuais. O dinheiro é, pois, a contrapartida econômica desse modo de relação, dado que ele também representa o tipo genérico dos valores econômicos, o que é comum a todos os valores particulares.

Eis como o terrível aviltamento da prostituição encontra em seu equivalente monetário sua expressão mais nítida. O nível inferior da dignidade humana é alcançado quando, por uma retribuição tão anônima, tão exterior e tão objetiva, uma mulher concede o que ela possui de mais íntimo e mais pessoal e que não deveria sacrificar a não ser por um impulso totalmente individual, contrabalançado por uma doação não menos individual do homem — por mais diferente que deva ser o sentido desta doação em relação à da mulher. Sentimos aqui a mais total e penosa disparidade entre a prestação e sua contrapartida; ou antes: o aviltamento da prostituição se deve justamente ao fato de que ela degrada a posse mais pessoal, mais "reservada" da mulher, a tal ponto que o valor mais neutro e mais anônimo é tido como seu equivalente adequado. Dito isso, a definição da prostituição como retribuição monetária se choca com algumas considerações inversas, a serem desenvolvidas para lançar plena luz sobre esse significado do dinheiro.

II

O caráter totalmente pessoal, intimamente individual, de que a doação sexual da mulher deveria se revestir não parece concordar muito com o fato sublinhado acima, a saber: a relação sensual entre os sexos é de essência puramente genérica, de modo que nela, realidade absolutamente geral, e além disso comum a nós e ao reino animal, se aboliria toda personalidade, toda interioridade própria. Se os homens se mostram tão propensos a falar de mulheres "no plural", a pô-las no mesmo saco para julgá-las em bloco, uma das razões disso é com certeza a seguinte: o que nas mulheres interessa particularmente aos homens de sensualidade grosseira é o que elas têm de semelhante, da costureira à princesa. Parece, pois, excluído atribuir um valor pessoal a essa função, tendo as demais funções a mesma generalidade. Comer e beber, as atividades fisiológicas, ou mesmo psicológicas, o instinto de conservação tanto quanto as funções tipicamente lógicas, nunca são associadas de maneira solidária à personalidade como tal, e nunca se sentirá que alguém, exercendo ou apresentando o que tem indistintamente em comum com todos, exprime ou cede o que tem de mais íntimo, de mais essencial, de mais global. Ora, a doação sexual da mulher comporta, inegavelmente, tal anomalia. Esse ato totalmente genérico, idêntico em todas as camadas da humanidade, também é de fato experimentado — num aspecto, em todo caso — como um ato eminentemente pessoal, que compromete sua interioridade. Uma explicação seria que as mulheres são ainda mais imersas na espécie que os homens, conhecendo estes últimos uma diferenciação e uma individualização mais extremas. Disso resultaria, em primeiro lugar, que o elemento genérico e o elemento pessoal coincidiriam melhor nas mulheres. Se, de fato, elas estão ligadas mais estreita e intensamente que os homens ao fundo primordial, obscuro, da natureza, então o essencial de sua personalidade está ancorado de maneira ainda mais sólida também nessas funções eminentemente naturais e universais que garantem a unidade da espécie. E, em segundo lugar, resultará ainda que a homogeneidade do sexo feminino — em virtude da qual o que todas as mulheres têm em comum se distingue menos claramente do que cada uma é para si — deverá refletir-se na maior homogeneidade de seu ser individual. A experiência parece confirmar que as forças, as qualidades e as impulsões singulares das mulheres, do ponto de vista psicológico, estão ligadas de maneira mais imediata e mais íntima do que nos homens, cujos traços característicos se desenvolverão com mais autonomia, permanecendo portanto o devir e o destino de cada um deles bastante independentes do que são no conjunto dos outros. A essência da mulher — assim, pelo menos, será resumida a opinião geral a seu respeito — vive muito mais sob o signo de um "ou tudo, ou nada", suas inclinações e suas atividades são melhor integradas, a totalidade de seu ser se subleva mais facilmente do que no homem a partir de um só ponto, afetos, volições e pensamentos incluídos. Se assim é, estaremos relativamente fundados ao supor que a mulher, pela oferta dessa função central, dessa parte de seu eu, dá toda a sua pessoa com mais integridade, com menos reserva do que o homem, mais diferenciado, o faz nessa ocasião. Desde os estágios ainda bastante inocentes da relação homem/mulher, impõe-se entre os parceiros essa disparidade de papéis; mesmo os povos primitivos normatizam de modo diferente as multas que o noivo ou a noiva devem pagar em caso de ruptura unilateral do noivado. Assim, entre os bakaks, ela deve pagar cinco florins e ele dez; entre os habitantes de Benkulen, o noivo que não respeita o contrato, quarenta florins, a noiva apenas dez. O sentido e os efeitos que a sociedade vincula à relação sensual entre o homem e a mulher pressupõem portanto, também, que esta última ponha na troca todo o seu eu, com todos os seus valores, e o primeiro, nada mais que uma parte da sua personalidade. É por isso que a moça que comete falta perde a sua "honra"; por isso também o adultério da mulher é condenado mais gravemente que o do homem, parecendo-se admitir que as ocasionais extravagâncias deste, puramente sensuais, pelo menos ainda podem se conciliar com a fidelidade conjugal, no que esta tem de íntimo e essencial; por isso, enfim, a prostituta é irremediavelmente rebaixada, enquanto o pai libertino, pelos demais aspectos da sua personalidade, será sempre capaz de safar-se do atoleiro e conquistar uma posição social. Portanto, no ato puramente sensual que define a prostituição, o homem só compromete o mínimo do seu eu, já a mulher compromete o máximo — não, é claro, cada vez em particular, mas no geral. Um tipo de relação que permite compreender o proxenetismo tão bem quanto os casos de lesbianismo entre as prostitutas, considerados freqüentes: como tiram forçosamente de suas relações com os homens, em que estes não põem sua plena e inteira humanidade, tão-só um vazio e uma insatisfação terríveis, elas procuram um complemento através de relações que, ao menos, ainda concernem a alguns outros aspectos dessa mesma humanidade. Assim, pois, nem a idéia de que o ato sexual é algo genérico e anônimo, nem o fato de o homem, visto do exterior, dele participar tanto quanto a mulher podem alterar o estado de coisas afirmado mais acima, a saber: o comprometimento da mulher é infinitamente mais pessoal, mais essencial, mais globalmente envolvente para o eu do que o do homem, e portanto o equivalente monetário é o menos apropriado, o menos adequado que se possa imaginar, a oferta de dinheiro e sua aceitação são o pior rebaixamento da personalidade feminina. O aviltamento pela prostituição ainda não decorre, tomado em si, de seu caráter poliândrico, do fato de que a mulher se dê a vários homens; aliás, a poliandria não raro proporciona à mulher uma preponderância bastante nítida, por exemplo na Índia, no grupo de posição relativamente elevada dos negros. Em outras palavras, a única coisa que conta no caso não é que a prostituição signifique poliandria, mas poliginia. Em toda parte, esta deprecia incomparavelmente o valor próprio da mulher, que perde seu valor de raridade. Do exterior, a prostituição conjuga poliandria e poliginia. Mas a vantagem constante de quem dá o dinheiro em relação àquele que dá a mercadoria acarreta que só a poliginia, que concede ao homem uma formidável preponderância, determina o caráter da prostituição. Mesmo em circunstâncias que nada têm a ver com a prostituição, as mulheres de ordinário acham penoso e degradante receber dinheiro de seus amantes, ao passo que, com freqüência, essa impressão não se estende a outros objetos oferecidos; em compensação, elas terão prazer e satisfação em dar dinheiro a esses amantes. De Marlborough, dizia-se que seu sucesso com as mulheres vinha de que ele aceitava dinheiro da parte delas. A superioridade, logo notada, de quem dá o dinheiro sobre quem o recebe, superioridade que se torna a mais terrível distância social no caso da prostituição, proporciona à mulher, nesse exemplo inverso, o contentamento de ver depender dela o homem que ela estava habituada a olhar de baixo.

Eis-nos porém, agora, diante de um fenômeno surpreendente: em inúmeras civilizações mais primitivas, a prostituição não é vista, em absoluto, como degradante ou desmoralizante. Relata-se que, na Ásia, outrora, as mulheres de todas as classes se prostituíam para adquirir o preço de um enxoval ou de uma oferenda ao tesouro do templo, como ouvimos dizer ainda hoje de certas tribos negras para o primeiro desses motivos. Essas mulheres, inclusive muitas vezes as princesas, nada perdem então da estima pública, e sua vida conjugal em seguida não sofre nenhum preconceito com o caso. Esse abismo em relação a nosso modo de sentir significa que ambos os fatores — a honra sexual da mulher e o dinheiro — acham-se, aí, numa relação fundamentalmente diferente. Se a situação da prostituição se assinala entre nós pelo abismo intransponível entre os dois valores, por sua total incomensurabilidade, esses valores não poderão deixar de se aproximar em condições que geram outra visão da prostituição. Isso deve ser posto em paralelo com os resultados a que levou a evolução do *wergeld*, a multa monetária por homicídio. A valorização crescente da alma humana e a desvalorização paralela do dinheiro se conjugaram para tornar o *wergeld* impossível. O mesmo processo de diferenciação que confere ao indivíduo sua tonalidade particular, seu aspecto relativamente incomparável, faz do dinheiro o critério e o equivalente de objetos tão opostos, que a indiferença e a objetividade daí resultantes revelam-no cada vez mais inapto a contrabalançar os valores pessoais. Essa desproporção entre a mercadoria e o preço a pagar, que proporciona seu caráter à prostituição em nossa cultura, não é a mesma no seio de sociedades menos evoluídas. Quando os viajantes relatam que, em numerosíssimas tribos primitivas, as mulheres apresentam uma notável similitude corporal e, com freqüência, também intelectual com os homens, acaso não falta justamente a essas mulheres a diferenciação que proporciona às mulheres mais civilizadas, à sua honra sexual, um valor não substituível por dinheiro, mesmo quando elas aparecem, *confrontadas aos homens do mesmo meio*, menos diferenciadas, mais arraigadas no tipo genérico? A apreciação da prostituição mostra, assim, exatamente a mesma evolução que podemos constatar no caso da penitência eclesiástica e da multa do sangue: nas épocas ditas primitivas, a totalidade do ser humano, incluídos os valores interiores, tem um caráter relativamente pouco individual; já o dinheiro, vista a sua raridade, seu uso restrito, tem um caráter relativamente mais individual. Uma evolução divergente vai tornar impossível compensar o primeiro pelo segundo, ou então, quando subsiste tal possibilidade, como com a prostituição, daí resulta uma terrível desvalorização da personalidade.

III

No vasto conjunto de reflexões sobre o "casamento por dinheiro" ligado ao que precede, três considerações parecem-me importantes com respeito à evolução semântica do dinheiro, aqui em questão.

Em primeiro lugar, os casamentos que obedecem apenas à motivação econômica não só sempre existiram, em toda época e todo estágio de civilização, como também se encontram com maior freqüência no seio dos grupos menos evoluídos, nas situações mais primitivas, onde não provocam, de ordinário, nenhuma espécie de escândalo. A perda da dignidade pessoal que hoje decorre dos casamentos que não são fruto da inclinação individual — perda tal, que parece um dever de conveniência lançar um véu sobre a motivação econômica — não é sentida em condições culturais mais simples. A causa de semelhante evolução é que a individualização crescente torna cada vez mais contraditórias e aviltantes as relações puramente individuais estabelecidas por motivos que não os puramente individuais. Numa sociedade de elementos bem pouco diferenciados, também pode ser relativamente indiferente conhecer os casais que se formam — indiferente com respeito à vida conjugal, mas também aos filhos que nascem. De fato, quando globalmente concordam no seio do grupo as constituições físicas, os estados de saúde, os temperamentos, as formas e orientações de vida, tanto interiores como exteriores, o êxito da descendência não depende de uma seleção tão delicada do casal parental chamado a combinar e se completar, quanto a que uma sociedade altamente diferenciada requer. E é perfeitamente natural e útil deixar outras motivações, além da pura inclinação individual, determinarem a opção conjugal. Esta última, em contrapartida, deveria sobressair-se no seio de uma sociedade bastante individualizada, onde se tornam cada vez mais raros os indivíduos que se harmonizam. Ora, não temos aqui nenhum outro critério e nenhum outro sinal além da inclinação mútua no que ela tem de instintivo. Já que a felicidade estritamente pessoal é um interesse que os esposos têm de acertar sozinhos, não haveria razão imperativa para simular oficialmente, com tal aplicação, a motivação erótica em questão, se a sociedade atual não fosse obrigada a insistir sobre a dominação exclusiva desta para o êxito da descendência. O casamento por dinheiro cria, de saída, um estado de pan-mesclagem — de acoplamento sem combinação, em detrimento das qualidades individuais —, em que a biologia vê a causa da degeneração mais imediata e mais funesta para as espécies. A união do casal é determinada, aí, por um fator absolutamente estranho aos fins genéricos, do mesmo modo que as considerações de dinheiro separam com bastante freqüência os seres feitos para se pertencerem, e devemos ver nesse tipo de casamento uma causa de decadência, ao passo que, na mesma medida, a diferenciação mais acentuada dos indivíduos não cessa de aumentar a importância da escolha segundo as afinidades individuais. Nesse caso também, pois, é a maior individualização no seio do grupo que torna o dinheiro cada vez mais inapto a servir de mediador das relações puramente individuais.

Em segundo lugar, ressurge aí, numa forma bastante modificada, a observação sobre a prostituição: esta é, por certo, tanto poliandria como poliginia, mas, dada a hegemonia social do homem, só se manifestarão ativamente os efeitos da poliginia, isto é, do fator desmoralizador para a mulher. Acaso não parece que o casamento por dinheiro deva sempre degradar interiormente, como uma prostituição crônica, a parte movida pelo dinheiro, quer se trate do homem, quer da mulher? Mas isso não acontece normalmente. No casamento, a mulher na maioria das vezes envolve a totalidade de seus interesses e de sua energia; ela compromete sua personalidade, centro e periferia, integralmente, enquanto o homem casado não só vê os costumes concederem-lhe uma liberdade de movimento muito maior, como também não traz de saída à relação conjugal o essencial da sua personalidade, ocupado por sua profissão. Tal como se apresenta a relação entre os sexos na nossa cultura, o homem que se casa por dinheiro se vende menos que a mulher no caso análogo. Pertencendo mais ao homem do que este a ela, a mulher corre maiores riscos contraindo um casamento sem amor. Portanto, como a construção psicológica deve paliar aqui às insuficiências da experiência empírica, sou levado a crer que o casamento por dinheiro desenvolve principalmente suas conseqüências mais trágicas — sobretudo se envolver naturezas mais finas — onde a mulher é comprada. Nesse caso, como em inúmeros outros, as relações instauradas pelo dinheiro têm a particularidade de que a preponderância eventual de uma das partes será, por conseguinte, explorada ao máximo, e até mesmo acentuada a fundo. É, *a priori*, a tendência de toda relação semelhante. A situação do *primus inter pares* logo se torna a do *primus* puro e simples; o avanço adquirido em qualquer domínio não é mais que a etapa que permite ir mais longe ainda, aprofundar o abismo; a obtenção de posições privilegiadas revela-se ainda mais cômoda, se já se está em posição mais elevada; em suma, as relações de superioridade se desenvolvem, de costume, em proporções crescentes, e a "acumulação do capital" é um caso decorrente de uma norma bastante geral, que se aplica também a todas as esferas de poder estranhas à economia. Mas estas últimas respeitam, sob vários aspectos, certas precauções, comportam certos contrapesos que freiam a avalancha das superioridades; assim se dá com os costumes, a piedade, o direito e os limites atribuídos à expansão do poderio pela natureza intrínseca dos interesses envolvidos. Vista a sua docilidade, sua total ausência de qualidade, o dinheiro é o menos apto a deter tal tendência. Por isso, quando parte de um interesse financeiro, uma relação em que a vantagem e a supremacia se encontram *a priori* de um só lado se desenvolverá na direção dada — mantendo-se iguais todas as demais circunstâncias — de maneira bem mais ampla, radical e decisiva do que se outras motivações, concretamente determinadas e determinantes, estivessem em sua base.

Em terceiro lugar, o casamento por dinheiro revela claramente seu caráter através de um fenômeno bem particular: o anúncio matrimonial. O fato de este ser de uso tão restrito, limitado à classe média, poderia parecer surpreendente e lamentável. Porque, apesar de toda a individualização das personalidades modernas aqui observada, apesar de toda a dificuldade da opção conjugal que daí decorre, ainda há para cada ser, por mais diferenciado que seja, um correspondente no seio do outro sexo em que ele se completa e encontraria o cônjuge "que lhe convém". O único obstáculo é a dificuldade de se encontrar, para esses predestinados. O absurdo da sorte humana não pode se revelar de modo mais trágico do que no celibato ou no casamento infeliz de dois estranhos que só precisariam se conhecer para obter um do outro o máximo de felicidade. O aperfeiçoamento definitivo do anúncio matrimonial racionalizaria, sem dúvida nenhuma, o acaso cego dessas relações, e tem-se com tal sistema um dos maiores fatores de civilização, pelo qual o indivíduo se dá uma oportunidade infinitamente mais elevada de satisfazer de maneira adequada seus desejos do que se estiver reduzido a descobrir seu objeto diretamente, pela mais pura das contingências. A maior individualização das necessidades torna o anúncio matrimonial rigorosamente necessário, pois permite a extensão da oferta. Se, no entanto, ele permanece fora de questão nas camadas sociais feitas de personalidades mais diferenciadas, as quais, em princípio, deveriam ser mais tributárias dele, essa aversão precisa ter uma razão bastante positiva. Se examinarmos os anúncios publicados, observaremos que a situação de fortuna dos indivíduos que pedem ou são pedidos é sua motivação central, por mais que esteja mascarada. Que há de mais compreensível, de resto? Nenhuma outra qualidade pessoal se presta a uma definição precisa ou convincente. Nem o aspecto ou o caráter, nem o grau de amabilidade ou de intelectualidade descrevem-se tão facilmente para deixar uma imagem inequívoca, suscitando o interesse individual. A única coisa que, em todos os casos, pode ser definida com inteira certeza é a situação financeira das pessoas, e a faculdade humana de representação tende inevitavelmente a privilegiar, entre as múltiplas determinações de um objeto, as que podem ser indicadas ou conhecidas com uma justeza e uma exatidão máximas, como sendo a primeira e a principal. Essa vantagem específica, quase metodológica, da fortuna monetária torna o anúncio matrimonial impossível para as classes que teriam a mais urgente necessidade dele, porque então traria a confissão do puro e simples interesse financeiro.

Também no seio da prostituição, impõe-se o fato de que o dinheiro, além de certa quantidade, não é mais nem indigno, nem inapto para compensar os valores individuais. O desgosto da "boa" sociedade moderna para com a prostituta ficará melhor evidenciado se esta se mostrar mais lamentável e mais miserável; ele se atenua com o aumento do preço pedido à clientela, até o ponto de determinada atriz, notoriamente mantida por um milionário, ser recebida com freqüência nos salões, embora esse gênero de mulher seja, sem dúvida, muito mais vampiresco e mentiroso, muito mais intimamente corrupto do que muitas mulheres da rua. Já há nisso um fenômeno de ordem geral: deixam-se soltos os grandes ladrões e enforcam-se os pequenos; ou, ainda, todo êxito considerável, qualquer que seja seu domínio ou seu conteúdo, suscita certo respeito. Dito isso, a razão maior, profunda, é que o preço de venda, ao alcançar uma altura exorbitante, poupa ao objeto da transação o aviltamento que decorre da sua venda. Numa descrição do Segundo Império, Zola evoca a esposa de um personagem bem situado, que se podia notoriamente possuir por 100.000 ou 200.000 francos. Nesse episódio, por certo baseado num fato histórico, ele conta primeiro que a mulher em questão freqüentava os círculos mais distintos e, em seguida, que seus amantes conhecidos como tais desfrutavam um insigne renome na "sociedade". A cortesã que se vende a alto preço ganha com isso um "valor de raridade", não só porque as coisas com valor de raridade alcançam um preço elevado, mas também, inversamente, porque têm valor de raridade as coisas que alcançam um preço elevado por alguma outra razão, ainda que o capricho da moda. Como muitos outros objetos, os favores de muitas cortesãs foram apreciados e disputados por muitos por causa das somas consideráveis que ela teve a coragem de exigir. A justiça inglesa deve partir de uma base análoga, quando concede uma indenização financeira ao marido de uma mulher seduzida. Nada repugnaria mais nosso sentimento do que tal procedimento, que rebaixa o marido a um papel de cáften. Mas a tarifa de ditas sentenças bate recordes. Conheço um caso em que a mulher tinha relações com vários homens; cada um foi condenado a pagar 50.000 marcos ao marido. Parece que, também aqui, quis-se compensar pela elevação da soma a baixeza do princípio, a saber: a tradução em dinheiro de semelhante valor.

CULTURA FEMININA
(1902)

Se, na vida histórica de nossa espécie, temos o direito de ver produtos e valores que representam outra coisa que os indivíduos e encontram seu sentido em outra parte que não nestes últimos; se, portanto, podemos classificar os movimentos e as obras, as instituições e os pensamentos, conforme sirvam a uma soma definida de indivíduos e vivam para eles, ou, ao contrário, conforme digam algo além do bem-estar ou do mal-estar dos sujeitos, então o movimento das mulheres, ao que parece, recusa todo significado que ultrapasse as pessoas como tais, sua felicidade, sua formação, sua liberdade. Naturalmente, ele não visa indivíduos determinados, porque é à totalidade das mulheres que deve se abrir um estágio superior da existência. Neste caso, porém, tratase sempre de bens pessoais, mesmo se podem consistir numa nova dignidade ou em novos deveres. A luta se trava, pois, em favor de particulares, ainda que sejam milhões, e não em benefício de algo que superaria em si toda esfera individual ou pessoal. E por mais que a tônica seja os interesses da sociedade em seu conjunto (aprofundamento e aperfeiçoamento do casamento e da educação dos filhos com o pleno desenvolvimento intelectual e a plena independência econômica das mulheres; seleção mais rigorosa dos melhores em todos os setores pela multiplicação das candidaturas), não vejo levantar-se em parte alguma a questão do valor cultural suprapessoal e supra-social desse movimento, a questão de suas energias propriamente criadoras, capazes de aumentar o fundo dos valores espirituais.

Não quero que o problema de saber o que é a cultura em si venha misturar no debate suas obscuridades e suas controvérsias. Mas, como quer que se exprima sua essência geral, não se poderá ignorar que a cultura se particulariza em dois significados bem distintos. Em primeiro lugar, figura certo estado da formação ou da atividade, do saber ou da beleza, da felicidade ou da moralidade *nos indivíduos.* Sua realidade eficiente vive nas almas singulares, e a quantidade maior ou menor de seus bens nestas constitui, cada vez, a síntese da sua existência histórica. Mas a linguagem, com uma enorme profundidade, chama essa cultura dos sujeitos de *participação* nos ditos bens, como se houvesse não sei onde um estoque impessoal, de que o indivíduo é chamado a consumir uma parte fortuita e variável, sem que o fundo global seja comprometido com isso. De fato, o que se pode chamar de cultura objetiva permanece, em seu conteúdo, plenamente independente da intensidade e da freqüência de suas manifestações nos indivíduos: a língua e o direito, os costumes e a arte, as profissões e a religião, os móveis e os trajes regionais são modelos forjados, que podem ser adotados ou desprezados, de certa forma à disposição dos indivíduos, aos quais ultrapassam, porém, por seu significado interno fatual — resultados objetivados da atividade cultural fornecida até então, e normas das atividades futuras. O valor ideal de uma obra de arte ou de uma regra moral, de uma idéia religiosa ou de uma forma de mandamento, de um princípio jurídico ou de uma constatação científica, não depende, quanto aos ganhos e perdas, da freqüência ou da raridade com que tudo isso integre em si o material contingente da vida; ao passo que, do ponto de vista do interesse individual ou social, só se reveste de uma importância decisiva justamente o *quantas vezes* do valor singular. Essa oposição revela claramente a nova problemática relativa ao movimento das mulheres. O significado cultural objetivo deste último só poderia ser o de que as mulheres preenchem por sua vez, certo número de vezes, as formas de existência e de prestação até então reservadas aos homens. A questão será, ao contrário: vão nascer de semelhante movimento produções inteiramente novas, qualitativamente distintas das precedentes e que não se limitem a multiplicar as antigas? O reino dos conteúdos de cultura será objetivamente ampliado com isso? Não se vai se contentar com copiar, vai-se inventar? Essa questão, que não tem diretamente significado nem pessoal, nem social, nem ético na acepção tradicional do termo, pode muito bem ser considerada puramente acadêmica e tida como uma preocupação ulterior, dada a urgência premente dos interesses então excluídos. Mas os que se preocupam não só com os humanos, mas com o homem em geral, não só com o uso das coisas, mas com as próprias coisas, não só com a torrente agitada da ação e do sofrimento, mas com o sentido atemporal de suas formas, estes verão nas respostas dadas o significado último do movimento das mulheres, movimento que influenciará o futuro de nossa espécie de maneira mais profunda do que a própria questão operária.

Para abraçar as condições e as conseqüências dessa problemática, é preciso tomar consciência de que a cultura da humanidade não é, em suma, nada assexuada, não reside numa faculdade pura além do homem e da mulher. Ao contrário, essa cultura, que é a nossa, se revela inteiramente masculina, com exceção de raros domínios. A indústria e a arte, o comércio e a ciência, a administração civil e a religião foram criação do homem, e não só apresentam um caráter objetivamente masculino, como, ademais, requerem, para a sua efetuação repetida sem cessar, forças especificamente masculinas. A bela idéia de uma civilização humana que não se inquiete com uma partilha homem/mulher não é historicamente realizada, a crença que se pode ter nela decorre desse mesmo sentimento que conhece apenas uma palavra para o homem e o ser humano em tão numerosas línguas. Esse traço masculino dos próprios elementos objetivos da cultura explica por que, em todos os domínios, atribui-se às realizações insuficientes a denominação rebaixadora de "feminina", enquanto não se saberia elogiar melhor o desempenho de uma mulher senão qualificando-o de "absolutamente viril". Isso não decorre apenas do orgulho do sexo masculino, que faz como se o masculino já fosse em si sinônimo de valoroso; mas há nisso também um fato histórico, a saber, que nossa cultura, nascida do espírito e do labor dos homens, só é verdadeiramente adaptada à capacidade de produção masculina. Não penso unicamente, aqui, na quantidade superior das forças requeridas, na ordem física ou talvez, igualmente, psíquica; se só se tratasse delas, esse desprezo de princípio não colocaria um enigma insolúvel. Todavia são, de fato, as diferenças qualitativas entre os sexos que aí atuam. Porque a natureza de nosso trabalho cultural, e não só sua quantidade, se dirige especialmente a energias masculinas, a sentimentos masculinos, a uma intelectualidade masculina. Darei alguns exemplos bastante díspares. Em toda legislação e, em certo grau, também em toda jurisprudência, atuam conjuntamente um sentimento fundamental de eqüidade, uma preocupação instintiva ou deliberadamente social de eficácia e uma lógica objetiva sistemática. Ora, a maneira e a dosagem segundo as quais se misturam esses elementos seguramente divergiriam muito do que se obtém atualmente, se o direito das mulheres estivesse estabelecido e aplicado. A freqüente oposição destas às normas e sentenças jurídicas não significa sempre, longe disso, uma hostilidade em relação ao direito em geral, mas sim ao direito masculino, o único em nossa posse, que nos parece ser, portanto, o direito puro e simples. Certos ofícios, como a marcenaria e a tapeçaria, são obrigatoriamente tidos como masculinos, apesar de implicarem todo tipo de atividades que as mulheres poderiam muito bem exercer. Só que a divisão e a composição dominantes do trabalho ligaram-nos a operações bem diferentes, que exigem a força física do homem. Em virtude dessa constelação histórica, mas evidentemente de modo nenhum necessária, os ofícios em questão assumiram a marca do trabalho cultural exclusivamente masculino. De modo bem geral: a *especialização* que caracteriza em si nossas profissões e nossa cultura é, de cabo a rabo, masculina em sua essência. Longe de se reduzir a um dado puramente exterior, só é possível, de fato, pela mais profunda especificidade psicológica do espírito masculino: a tendência exacerbada aos trabalhos radicalmente unilaterais, que se diferenciam da personalidade global, a tal ponto que a atividade objetivamente especializada, de um lado, e a subjetividade, de outro, levam cada uma sua própria vida, se assim posso dizer. Toda divisão do trabalho bastante avançada significa que o sujeito se separa de seu trabalho, o qual se integra então num contexto objetivo, em que se dobra às exigências de uma totalidade impessoal, enquanto os interesses subjetivos e os movimentos interiores do ser humano constituem, por sua vez, um mundo próprio e prosseguem de certa forma uma existência privada. Se essa possibilidade psicológica não subsistisse, nossa cultura, construída sobre a mais extrema divisão do trabalho, seria não só insuportável, mas *a priori* impossível. Ora, parece que a diferença mais marcante entre o espírito masculino e o espírito feminino reside nisso, e que este último não pode existir, pelo menos a nível do tipo, com semelhante dissociação entre o desempenho singular e o eu dotado de seus centros afetivos e sensíveis. Toda a profunda beleza da essência feminina, que lhe dá preeminência sobre o espírito masculino, cuja libertação e reconciliação ela simboliza, baseia-se nessa unidade, nessa solidariedade imediata, orgânica, entre a pessoa e cada uma de suas manifestações, em suma, na indivisibilidade do eu, que só conhece um "ou tudo, ou nada". A maravilhosa relação que a alma feminina ainda parece manter com a unidade intacta da natureza e que cria a distinção entre a fórmula global de sua existência e a do homem multicindido, diferenciado, dissolvendo-se no seio da objetividade, essa fabulosa relação separa-a, justamente, também do que é o trabalho de nossa cultura, o qual se baseia na especialização fatual. Ora, por mais que se abram agora para as mulheres todos os ofícios masculinos precisamente desse tipo, não só elas perdem a criatividade de seu próprio trabalho cultural, sendo submetidas então a um esquema de diferenciação que não deixa as forças mais profundas de seu ser se exprimirem; não só elas repetem sempre, com respeito ao interesse cultural objetivo, o já dado, mas também fazem-no com meios de certa forma inoperantes, pois não se amoldam às formas que se oferecem assim às suas forças. E isso não porque essas forças seriam demasiado pequenas, mas porque seu modo de exercício não entra nas categorias de nosso trabalho cultural. Já encontramos agora fenômenos similares num grande número de homens. A mistura das classes, a vida moderna com seus milhares de estímulos e de potencialidades criaram ou levaram à consciência uma profusão de aptidões originais, a que não correspondem mais as profissões dadas. As constelações e orientações do talento intrínseco multiplicaram-se mais depressa do que as possibilidades de exercê-lo nas profissões. Há uma quantidade cada vez maior de homens cujas disposições os levam a flutuar entre vários ofícios e não se arraigar em nenhum deles, e que, de um lado, não assumem a forma de vida que a profissão abraçada oferece, enquanto, de outro, ameaçam explodir os limites desta. Tanto mais graves serão, então, as distorções entre as profissões historicamente dadas, logo masculinas, e essa alma feminina, com o ritmo, o modo de desempenho, a tensão volitiva e afetiva que lhe pertencem!

O verdadeiro problema cultural que colocamos assim (produzirá a liberdade que as mulheres buscam novas qualidades culturais?) só encontrará resposta positiva mediante uma nova partilha das profissões ou mediante uma nova modulação destas, fazendo não que as mulheres se tornem cientistas ou técnicas, médicas ou artistas no sentido em que os homens o são, mas que realizem trabalhos que eles são incapazes de realizar. Trata-se, em primeiro lugar, de estabelecer uma outra divisão do trabalho, de redistribuir os trabalhos globais de uma profissão dada, de reunir depois os elementos especificamente adaptados ao modo de trabalho feminino para constituir esses ofícios parciais, singulares, diferenciados. Não se obteria, assim, apenas um aperfeiçoamento e um enriquecimento extraordinários de todo o setor de atividade envolvido, mas também se evitaria em boa parte a concorrência com os homens. Os operários ingleses impuseram esse princípio num domínio estreito e assaz material. Com freqüência, as mulheres, com seu nível de vida menos elevado e menos dispendioso, concorriam com os homens provocando uma deterioração do salário padrão, de modo que, em geral, as associações operárias combatiam com o mais vivo afinco a utilização da força de trabalho feminina na indústria. Algumas uniões operárias, por exemplo os tecelões ou os chapeleiros, encontraram então uma saída introduzindo uma lista padrão de salários para todas as funções parciais do trabalho fabril, mesmo os mais ínfimos. Essas funções são retribuídas em plena igualdade, quer sejam exercidas por homens, quer por mulheres. Nasceu assim quase automaticamente a divisão do trabalho em virtude da qual as mulheres monopolizaram, de certa forma, as funções adequadas a suas forças físicas e à sua habilidade, deixando aos homens as que convinham às capacidades destes. Isso cria, em primeiro lugar, uma real igualdade objetiva, porque, se as mulheres podem fornecer o trabalho masculino, elas ganham, então, exatamente o mesmo que os homens e, em segundo lugar, a concorrência é suprimida pela divisão do trabalho supracitada. O melhor conhecedor da situação criada para os operários da indústria inglesa formula o seguinte juízo: "Enquanto se trata de um trabalho manual, as mulheres formam uma classe particular de operários, tendo capacidades e necessidades diferentes das dos homens. Para manter os dois sexos no mesmo estado de saúde física e de capacidade produtiva, é preciso com freqüência uma diferenciação das tarefas." Eis, pois, aqui, já resolvido, ingenuamente por assim dizer, o grande problema do trabalho cultural feminino: a nova linha é fixada pelo conjunto das tarefas, ela liga os pontos de vista destinados, por predestinação, à perícia especificamente feminina e une-os para desembocar em profissões particulares. Ora, se uma reforma desse tipo visava resolver as tarefas dadas, claro que com os meios dados, mas de um modo inédito e eficaz, há outra que cria novas tarefas, ou, em princípio, pelo menos novos caminhos para resolver os problemas gerais. O exemplo mais imediato é, então, o da medicina. A questão que colocamos é de saber se as médicas, além de um aumento do bem-estar físico e moral, proporcionarão alguma melhoria da cultura médica impossível de se realizar por meios masculinos. Ora, pode-se efetivamente esperar tal coisa, parece-me, dado que o diagnóstico e a terapia dependem, ambos, numa parte não desprezível, da capacidade de sentir o estado do paciente. Os métodos de exame clínico tidos como objetivos logo se esgotam, se não forem completados por um conhecimento subjetivo do estado do doente e de seus sentimentos, seja esse conhecimento imediatamente instintivo, seja mediatizado por manifestações quaisquer. Um neurologista muito experiente disse, certa vez, que uma pessoa só podia desvendar certos estados nervosos se houvesse experimentado estados semelhantes. A compreensão imitativa é, assim, condicionada por certa analogia de constituição. É por isso que estou persuadido de que, confrontada a mulheres, uma médica, além de ter o diagnóstico mais exato e o pressentimento mais fino para tratar dos casos individuais de maneira conveniente, ainda poderia, sob o ângulo puramente científico, descobrir conexões típicas, não detectáveis por um médico, e dar com isso contribuições específicas à cultura objetiva; porque as mulheres possuem, com sua constituição idêntica, uma ferramenta de conhecimento recusada aos homens. Variando um pouco o mesmo motivo básico, também o conhecimento histórico poderia pôr a seu serviço a psique feminina. Tudo o que chamamos de história se reduziria a um absurdo vaivém de movimentos externos, desprovidos em si de significado, coerência e interesse, se não interpretássemos psicologicamente os atos exteriores, introduzindo processos mentais sempre impossíveis de se constatar diretamente e acessíveis apenas à imaginação imitativa, à compreensão das almas por intropatia. Aí também será preciso, em geral, certa semelhança de compleições psíquicas para alcançar uma tradução adequada das necessidades e das paixões, do amor e do ódio, dos instintos e das emoções religiosas, que não só desencadeiam todo o jogo da história, mas também o constituem diretamente. Tal semelhança, no entanto, não deve ser concebida mecanicamente, e o conjunto desses processos encerra um grande mistério psicológico. Claro, não é preciso ser um César para compreender César, nem Catilina para compreender Catilina. Ao contrário, tal compreensão imitativa realiza-se, de certa forma, em camadas da alma situadas além da existência pessoal imediata, é uma função artística que tem sua vida acima da subjetividade. Portanto, pode ocorrer que certo modo de diferenciação subjetiva seja justamente a base de uma compreensão psicológica especialmente profunda; inclusive, uma semelhança demasiado direta pode nos reter no subjetivo a tal ponto que não alcancemos mais um sentimento objetivo na esfera científico-artística. Assim, as experiências da práxis mostram que as mulheres conhecem vários aspectos da alma masculina bem melhor, com um instinto bem mais seguro, do que os homens.

Não há a menor dúvida, a meu ver, que esse talento poderia ser explorado para a pesquisa histórica. Basta notar — como decerto ainda se omite fazer atualmente, de ordinário, por diversas causas de burocratismo científico — a que ponto toda ciência histórica é psicologia aplicada, para adivinhar os serviços inigualáveis que a alma feminina poderia prestar nesse ponto, com seus órgãos específicos para perceber e sentir, desde a compreensão de obscuros movimentos populares até a epigrafia. Estou convencido disto: poderia haver, exatamente como na medicina, funções especificamente femininas em história. Também aqui, poderíamos desembocar nas contribuições de uma cultura feminina no sentido objetivo.

Não obstante, é no domínio da arte que essa possibilidade deveria ser mais acessível à compreensão geral, porque nele já existem os primeiros elementos do que quero dizer. É na literatura que eles melhor se percebem. Nesse domínio, já há uma quantidade de mulheres que não têm a ambição servil de escrever "como um homem", nem manifestam, usando pseudônimos masculinos, nenhuma ignorância quanto à originalidade ou à importância específica das contribuições que poderiam dar enquanto mulheres. Claro, a exteriorização da nuança feminina, sua objetivação, também é bastante difícil na cultura literária, porque as formas gerais da criação poética, no interior das quais o fenômeno ocorre, são justamente produtos masculinos e mostram, provavelmente por essa razão, uma reticência interna ao serem preenchidas por um conteúdo especificamente feminino. No lirismo feminino, notadamente, sobretudo onde é particularmente bem-sucedido, sinto freqüentemente certo dualismo entre o conteúdo pessoal e a forma artística, como se a alma criadora e seu modo de expressão não tivessem o mesmo estilo. A vida interior, que impele à sua objetivação numa figura estética, não preenche inteiramente os contornos dados por esta, de sorte que as exigências que emanam dela e às quais é preciso satisfazer só poderão ser aplacadas mediante certa banalidade, certo convencionalismo; enquanto que, por outro lado, no campo da interioridade, um resto de sentimento e de vida permanece privado de forma e de realização. É interessantíssimo a esse respeito que, em muitos povos, as mulheres, no estágio do canto popular, sejam pelo menos tão produtivas, poeticamente, quanto os homens. Isso significa justamente que não há, nas culturas ainda não pouco desenvolvidas, a ocasião de discrepância aqui em questão. Enquanto as formas culturais ainda não estão especial e firmemente assinaladas, elas não podem tampouco ser resolutamente masculinas; enquanto se encontrarem no estado de indiferenciação, as energias femininas não são submetidas à necessidade de se exprimir de um modo que não lhes é adequado, elas podem se desenvolver livremente e em conformidade com suas próprias normas interiores. Aqui, como em muitas evoluções, o grau mais elevado reproduz a forma do mais baixo: o produto mais sublimado da cultura do espírito, a matemática, está igualmente além do masculino e do feminino, e talvez isso explique o fato surpreendente de que, nessa ciência, mais que em qualquer outra, as mulheres penetraram profundamente e deram importantes contribuições. A matemática possui um grau de abstração que supera toda diferenciação psicológica dos humanos, do mesmo modo que o estágio da produção feminina de canções populares ainda não chegou a ele.

O romance parece oferecer dificuldades menores para a produção feminina do que as outras formas de literatura, isso porque, por sua natureza e sua problemática artística, ele possui em si uma forma muito menos estrita, muito menos fixada. Ao buscar, por seu conteúdo, mais a amplitude do que a profundidade, ele proporciona, do ponto de vista formal, uma liberdade maior que qualquer outro gênero artístico, e seus limites flexíveis, extensíveis à vontade, trazem menos abruptamente o caráter de sua origem masculina. É por isso que o instinto justamente conduziu as mulheres para o romance, como seu verdadeiro domínio, em que elas podem dar o aspecto mais livre de si mesmas, o mais específico. Aí também, decerto, a relação interior constante, regular, mantida com uma grande variedade de fenômenos, a tensão do sentimento, obrigado a permanecer sempre no mesmo nível de objetividade tanto diante dos conteúdos simpáticos como dos antipáticos, aí também, portanto, nada disso tudo parece corresponder ao ritmo da alma feminina, e talvez seja por isso que mesmo a forma do romance, que oferece à nuança feminina um espaço particularmente vasto de ação, só apresenta, desse ponto de vista, poucas produções artisticamente eminentes. Em todo caso, os elementos iniciais de uma cultura especificamente feminina aparecem aqui com mais nitidez do que nas artes plásticas, onde a adesão habitual a um mestre basta para impor ideais em si mesmos masculinos à artista, reprimindo assim a feitura feminina em suas particularidades. Que essa possa existir a título de possibilidade nas artes plásticas, é coisa de que não duvido um só instante. E isso não só porque os principais sentimentos femininos diante do mundo e da vida — que também determinam a arte — possuem uma coloração específica, mas notadamente porque sabemos hoje a que ponto todas as artes plásticas dependem dos dados psicofísicos, do modo de conversão dos movimentos morais em movimentos corporais, das sensações de inervação, do ritmo do olhar e do toque. O modo, em parte mais direto, em parte mais reservado, pelo qual a vida interior das mulheres se manifesta ao exterior, a maneira particular que elas têm de se mover, condicionada anatômica e fisiologicamente, o tipo de relação com o espaço que emana da cadência, da amplitude e da forma especiais de seus gestos, tudo isso deveria deixar-nos esperar delas, nas artes da especialidade, uma interpretação e uma figuração específicas dos fenômenos, como na arte da dança, em que se apresentam particularidades similares. Mas aí as formas tradicionais reservam aos impulsos, à graça e à gesticulação individuais um espaço de ação sem igual. Nas artes plásticas, em compensação, a violência exercida pelo material histórico já é irresistível para inúmeros artistas masculinos — tomados individualmente, enquanto, além disso, ela o é genericamente para as mulheres. Também nesse domínio, porém, percebem-se alguns leves indícios de um toque especificamente feminino. Em certos quadros de Dora Hitz, nas águas-fortes de Käthe Kollwitz, em algumas outras de Kornelie Wagner em seus inícios, domina uma atitude de conjunto que nunca senti numa produção masculina. Claro, essa diferença não se deixa descrever com palavras; ou, pelo menos, seria preciso, para isso, que a estética estivesse muito mais avançada do que é possível até mesmo prever na hora atual. O fato é que aí, na realidade, mesmo se se trata unicamente de um começo, a imensa diferença do princípio de vida feminino em relação ao masculino passou da forma do vivido em sua fluidez à do produto cultural em sua objetividade.

Com respeito a essas primícias de uma cultura feminina, gostaria de assinalar uma variante das naturezas femininas bem pouco notada, mas que parece predestinada a sustentar esse gênero de criações. Penso nas mulheres que, em todas as expressões de seu ser, apresentam o selo puro e autêntico da feminilidade, embora tenha desaparecido por completo a coloração propriamente sexual desta. Para empregar uma metáfora biológica, direi que se trata de seres nos quais as características sexuais secundárias são plenamente desenvolvidas do ponto de vista psicológico, ao passo que as primárias apagaram-se. Sem dúvida nenhuma a compleição fisiológico-sexual, com os fenômenos psíquicos concomitantes e as outras pulsões que emanam diretamente dela, é a fonte das propriedades da alma feminina, inclusive das mais espiritualizadas e mais sublimadas. Contudo, essas últimas, numa série de indivíduos altamente evoluídos, diferenciaram-se para levar uma vida independente, não bebem mais na fonte precedente, completamente atrofiada, ao contrário. A sexualidade cumpriu seu dever, pode afastar-se; nesse caso e sob esse aspecto, ela é comparável aos interesses práticos da humanidade. No início, tais interesses promoveram os teóricos, como sua conseqüência ou também como seu instrumento, enquanto agora o interesse cognitivo pode existir de maneira de todo autônoma, inteiramente separada da práxis. Sob o aspecto fisiológico, colocou-se recentemente a hipótese de que a evolução ascendente dos humanos ia diminuir em geral a importância do erotismo para o conjunto da vida interior, localizando cada vez mais esse interesse, por assim dizer, e ao mesmo tempo tornando autônomos os demais interesses em relação a ele. Assim como, fisicamente, a função sexual deu-se órgãos mais ou menos particulares, enquanto nos animais inferiores o corpo inteiro participa da reprodução da espécie, também, segundo se afirma, a evolução superior vai demarcar cada vez mais nitidamente o sentimento de amor das outras funções psíquicas, resultando em que ele se mesclará cada vez menos a estas para desviá-las ou tiranizá-las. Uma variante particular desse esquema se realiza nas mulheres em que a feminilidade no sentido da sexualidade diferenciou-se totalmente, na alma, da feminilidade no sentido da compleição psíquica geral, de modo que a primeira pôde regredir e desaparecer totalmente, sem rebaixar a segunda no que quer que seja. Atinge-se aqui, sob a forma da vida pessoal e como para simbolizar o objetivo cultural indicado neste estudo, a impregnação do conteúdo da alma por todas as cores da feminilidade, mas isso dissociado ao mesmo tempo da obscuridade e do excesso de subjetividade que entravam com tanta freqüência, direta e indiretamente, o desenvolvimento completo da personalidade espiritual nas produções concretas e mentais.

Além disso, é preciso tomar mais consciência do que de ordinário da diferença interna entre os princípios masculino e feminino. É justamente a profundidade absoluta dessa diferença que costuma nos impedir de fazê-lo. Pois ela se tornou tão natural para nós e condiciona de maneira tão dogmática nossa vida prática, que consideramos instintivamente cada mulher em função de puras categorias femininas, e cada homem segundo puras categorias masculinas. Sem uma atenção especialmente consciente, não julgamos o ser ou o fazer masculino e feminino segundo uma norma realmente homogênea; contudo o resultado final da avaliação — é isso o falacioso — não deixa ver que chegou-se a ele comparando-se a mulher à média ou ao ideal da essência feminina, e medindo-se o homem à luz dos critérios masculinos. Senão, são justamente as diferenças entre os humanos que suscitam a consciência mais elevada, mas unicamente em função de sua importância para a ação prática. O que é semelhante em todos os humanos é o fundamento evidente de toda ação, ao qual, na ordem prática, não aplicamos nenhuma consciência. Toda atividade econômica, social ou ética é orientada, em seu objetivo especial e em seu modo especial, pelas diferenças reconhecidas entre os indivíduos; estas são os pressupostos maiores de nosso fazer. Mas, dada a persistente divisão do trabalho entre os sexos, a diferença entre os princípios masculino e feminino foi aceita até aqui como natural para a prática, com tanta ingenuidade quanto, por outro lado, as semelhanças mais gerais entre todos os humanos. Foi preciso esperar a irrupção das mulheres nos domínios masculinos de atividade para se colocar em termos práticos a questão de suas diferenças essenciais, e portanto para mostrar, ainda que de longe, o imenso problema de saber se uma atividade cultural poderia decorrer tão organicamente do ser feminino quanto foi o caso até aqui para o ser masculino. Ora, houve e ainda há, em parte pelo menos, uma só e única profissão desse gênero, revestida da mais elevada significação cultural, plenamente autóctone ao mesmo tempo, no seio da natureza feminina. Falo da economia doméstica. A gestão doméstica, com sua incomensurável importância para o conjunto da vida, é a grande contribuição cultural da mulher, e a casa traz inteiramente sua marca; suas capacidades e interesses, sua afetividade e sua intelectualidade, toda a rítmica de seu ser forneceram, até aqui, uma criação de que só ela é capaz. Não é preciso explicar a que ponto a evolução moderna, tanto econômica como moral, retirou cada vez mais substância dessa criação[1]: divisão do trabalho, expatriação de inúmeras produções para fora de casa, queda dos casamentos e, sobretudo, também, do número de crianças no seio das camadas superiores. Foi preciso que se tornasse duvidosa a evidência dessa profissão para que se colocasse o *problema* do acesso das mulheres aos trabalhos culturais. Todavia, como de ordinário se considera a cultura existente, isto é, masculina, como a única possível, as mulheres se vêem diante de um dilema: ou abandonar o trabalho cultural produtivo, ou abandonar o que elas são. Se elas renunciam a essa energia, a essa visão do mundo, a essa qualidade de serem especificamente femininas, em benefício do trabalho profissional masculino supracitado, convém admitir sem o menor preconceito reacionário que, por falta de relações intrínsecas com a obra objetiva, os valores, as características e os atrativos pessoais da alma feminina não podem deixar de sofrer. Quando se acreditou que as profissões privariam tão pouco as mulheres de sua feminilidade quanto haviam privado os homens da sua virilidade, esqueceu-se o porquê desse fato: ditas "profissões" eram *a priori* de essência masculina — sem contar que os homens têm uma capacidade maior de diferenciação, porque não misturam tão facilmente quanto as mulheres seu centro psíquico à sua ação exterior, e portanto não deixam esta perturbar ou destruir aquele. Tal alternativa, que parece obrigar as mulheres a escolherem entre a preservação de sua natureza própria e o trabalho cultural produtivo, desaparece quando se sabe a que ponto a cultura existente não é neutra e o quanto é modelada, com exceção da economia doméstica, segundo um modo de trabalho unicamente masculino, proporcionando pois todo o espaço desejado, se necessário, a outro modo de trabalho que suporia e exprimiria a natureza feminina. A criação de uma nova nuança desse tipo, ou mesmo de um novo continente da cultura, não corresponderia somente à grande fórmula social do desenvolvimento: estabelecer, em vez da concorrência entre trabalhos idênticos, uma complementaridade das atividades múltiplas devidas à divisão do trabalho — essa complementaridade parece-me ser também, em si, o benefício próprio que a cultura objetiva pode tirar do movimento das mulheres na época moderna[2].

Dito isso, não me dissimulo as dificuldades externas e internas com que se choca a evolução rumo ao ideal indicado. Não é ela tal, poderíamos dizer, que seus primeiros estágios adquirem uma direção diametralmente oposta a seu objetivo final? A formação, a atividade e a situação das mulheres intelectualmente autônomas devem passar pelo estágio da cultura historicamente dada, logo masculina, ainda que isso não seja mais que uma preparação para melhor deixá-las seguir, depois da bifurcação num ponto definido, sua linha própria. Porque, por mais longe que possamos ver sem nos perder nas fantasias, resulta que mesmo a cultura feminina mais desenvolvida baseará seu desenvolvimento em dados ou tarefas essenciais da vida humana, acrescentando a seu tratamento especificamente masculino uma abordagem especificamente feminina, mas não sem partilhar com aquele o fundamental e, sem dúvida, também muitos detalhes. As mulheres deverão primeiro desfrutar da formação dos homens, de suas oportunidades de confirmação, de seus direitos: é a única forma sob a qual lhes é dado adquirir a base, o material e a técnica necessários a suas possibilidades *particulares* de trabalho. O artista mais original acaso não passa também seus anos de aprendizado com um mestre inevitavelmente diferente dele, apropriando-se destarte das finalidades e meios da arte sob uma forma definida que, em seguida, ele vai modificar soberanamente por diferenciações ilimitadas? Nosso problema chega aqui nas questões mais difíceis da psicologia da história. Dadas as múltiplas semelhanças sobre pontos técnicos e materiais fundamentais, que a cultura feminina mais diferenciada necessariamente ainda apresentará em relação à cultura mais masculina, há uma ameaça de que se estreitem e se reduzam as diferenças de alma entre homens e mulheres e de que, com isso, diminua um dos encantos mais profundos e mais indispensáveis da existência. O perigo é evitável, mas contanto que se fortaleça extraordinariamente a sensibilidade diferencial. É uma das tarefas mais refinadas da vida da alma cultivar ou sentir a existência e a atração das diferenças *num fundo de semelhanças consideráveis.* A constituição de ideais especificamente femininos sempre esteve ligada até agora à maior e mais grosseira diferença, de ordem imediatamente sexual. A oposição absoluta à essência masculina, que faz das mulheres o objeto do erotismo, foi o que modelou seus ideais mais próximos e mais distantes, não permitindo fosse ignorada um só instante sua distância em relação ao princípio masculino. No entanto, o toque estritamente feminino não se distinguirá com um tal absolutismo ou uma tal evidência do toque masculino no âmbito da criação cultural objetiva. Tornar-nos-emos necessariamente muito mais sensíveis às nuanças; o processo de apuro que já conduziu o gosto estético, aqui ou ali, dos contrastes crus às gradações suaves, do extremismo violento das formas e das expressões a um sistema temperado de acentos fortes e fracos, sem que, com isso, sejam sentidas com menos vivacidade ou agrado as diferenças que a comunidade mais acusada dos fenômenos deixa subsistir, esse processo de apuro, portanto, deverá estender-se aos outros domínios culturais — querendo-se prolongar em todo seu vigor, no seio de uma cultura feminina, o encanto devido à tensão entre os princípios masculino e feminino. Admitir-se-á em todo caso, por enquanto, que a formação e os direitos das mulheres, que estagnaram por tanto tempo numa desigualdade excessiva em relação aos homens, devem transitar pelo estágio de certa igualdade exterior, antes que se edifique uma síntese superior, ou seja, o ideal de uma cultura objetiva enriquecida com a nuança que a produtividade feminina representa. É assim, em todo caso, que as pessoas para as quais o valor do movimento das mulheres repousa nessa diferenciação esperada, nesse esforço para destacar a especificidade feminina, poderão num primeiro momento aprovar o brutal igualitarismo do partido da emancipação, do mesmo modo que existem hoje individualistas extremos que são socialistas porque esperam apenas da passagem por um socialismo nivelador uma hierarquia verdadeiramente natural e uma nova aristocracia que seja de fato a dominação *dos melhores*.

Dito isso, dúvidas mais profundas que as que provêm de tais dificuldades de desenvolvimento concernem à relação que o espírito feminino parece ter com a forma da cultura. Todos os produtos culturais sobre cuja produção nos interrogamos aqui têm o caráter da duração, situam-se, quanto a seu sentido, além da vida individual e de seu decurso temporal. Ora, talvez a natureza e o ritmo da essência feminina em seu conjunto permaneçam no princípio estranhos a esse tipo de criação. Sim, talvez as mulheres possuam, mais fortemente que os homens, o caráter da fluidez, uma propensão a dissolver-se na exigência do momento, a orientar-se para a vida puramente individual. É essa uma das críticas banais que lhes é dirigida: elas não teriam nenhuma objetividade, sua devoção nunca iria para um objeto ou uma idéia, mas, em última instância, sempre para uma pessoa, portanto para uma realidade temporal e, de certa forma, pontual, com respeito à ponderação e à não-contingência que são próprias do interesse puramente objetivo. O que pode haver de verdadeiro nisso deve, com certeza, ligar-se ao fato de que a atividade das mulheres, sobretudo desde a limitação da produção doméstica, raramente cria "objetos". O trabalho doméstico que ainda subsiste vale para o dia que passa — o que elas cozinharam a manhã inteira é devorado em meia hora —, acomoda-se ao fluxo e refluxo de exigências e interesses momentâneos, sem deixar resultado substancial que não seja de imediato aspirado por esse fluxo. A vida no não-temporal — que é bem diferente da eternidade no sentido religioso —, a pura fatualidade e a inevitável unilateralidade do trabalho substancial, a inserção em contextos suprapessoais, eis o que talvez repugne à vida mais íntima da alma feminina. Portanto, não se trata mais de saber, agora, se esta possui conteúdos especialmente caracterizados, que poderiam se encarnar na vida cultural histórica. Poder-se-ia admiti-lo em princípio, mas afirmando simultaneamente que a forma de vida interior típica, que o ritmo psíquico da feminilidade são rebeldes à produção desses valores a que chamamos cultura objetiva. Importa, aqui, não a coisa, mas seu portador, não o teor moral, mas a função que a realiza, não o ser, mas a natureza de seu devir — o que torna a tarefa talvez ilusória.

Essa questão da cadência e do andamento inerente ao movimento psíquico da vida feminina, ou, ainda, da forma deveras geral desta última, ritmando de dentro todas as expressões essenciais, é a última instância de que depende o problema de um desenvolvimento futuro da produção cultural feminina, ao lado da masculina ou em seus interstícios. Um problema que, como tudo o que concerne às realidades primeiras e últimas, não requer solução científica, mas é tratado unicamente a partir das decisões intuitivas dos indivíduos, para as quais cooperam o acaso das tendências pessoais, originárias, e o acaso, não menor, de inúmeras experiências inconscientes, assim como sua interpretação. Existe, porém, um contexto que legitima essa subjetividade na resposta dada às questões mais profundas da vida histórica: falo dos grandes movimentos e mudanças históricas de ordem fundamental, não menos misteriosos para a inteligência contemporânea do que para a inteligência pré-científica e englobando o destino e o trabalho das mulheres como causa e efeito de todos os demais — movimentos e mudanças *produzidos*, afinal, na realidade da história exatamente pelos mesmos sentimentos instintivos que surgem das profundezas a-lógicas da alma e são os únicos a tornar possível a apropriação espiritual dos primeiros, isto é, um juízo subjetivo sobre sua formação, tão polissêmica objetivamente.

PSICOLOGIA DO COQUETISMO
(1909)

I

A filosofia platônica do amor, segundo a qual o amor é um estado intermediário entre o ter e o não-ter, não vai, parece, até o mais profundo de seu ser, mas detém-se apenas numa modalidade de sua manifestação fenomenal, não só porque essa filosofia não leva absolutamente em conta o amor que declara "se te amo, que te importa?", mas também, na verdade, porque pode apenas designar o amor que morre pela realização de seu desejo. Situado no caminho do não-ter ao ter, esgotando seu ser nesse percurso, ele não pode mais, no momento em que "tem", ser o mesmo que antes, não pode mais ser amor, mas converte seu quantum de energia em gozo ou, talvez, saciedade. Essa lógica do amor como desejo de posse do não-possuidor não abole o fato de que ele talvez renasça no mesmo instante do seu desaparecimento. Segundo seu próprio sentido, permanece prisioneiro de uma alternância rítmica cujas cesuras contêm os momentos de realização. Mas quando o amor está ancorado no mais profundo da alma essa rotação do ter e do não-ter apenas descreve seu aspecto exterior superficial. O ser do amor, de que o desejo é simplesmente a manifestação fenomenal, não pode ser abolido pelo aplacamento deste último.

Qualquer que seja o sentido do querer ter, quer signifique o *definitivum* do amor, quer simplesmente o ápice desse ritmo ondulatório que atua além do seu *definitivum*, cada vez que seu objeto é uma mulher e seu sujeito um homem, ele se eleva bem acima da realidade psíquica propriamente dita do "agradar". O agradar é a fonte em que se alimentam o ter e o não-ter quando devem se transformar para nós em prazer ou sofrimento, desejo ou temor. Porém, nisso como em outros aspectos, o vínculo entre uma posse e sua estimação também funciona no sentido inverso. Não só importância e valor vêm se somar ao ter e ao não-ter do objeto que nos agrada, mas, além disso, quando por uma razão qualquer um ter ou um não-ter recebe certo significado e acentuação, seu objeto põe-se geralmente a nos agradar. Assim, não é apenas a atração de uma coisa à venda que determina o preço que aceitamos pagar; inúmeras vezes, ao contrário, é apenas o fato de que é pedido certo preço, de que sua aquisição não é fácil e requer esforços e sacrifícios, que nos torna a coisa atraente e desejável. A eventualidade dessa inversão psicológica é que faz a relação entre homens e mulheres entrar no modelo do coquetismo.

O "querer agradar" da coquete ainda não é, em si e por si, o que dá a seu comportamento o cunho decisivo;

traduzir coquetismo por "necessidade de agradar" é confundir o meio em vista de um fim e a pulsão orientada para esse fim. Uma mulher pode lançar mão de tudo para agradar, dos encantos espirituais à exposição mais insistente de seus encantos físicos, que ainda assim distinguir-se-á bastante da coquete. Porque o próprio desta última é despertar o prazer e o desejo por meio de uma antítese/síntese original, através da alternância ou da concomitância de atenções ou ausências de atenções, sugerindo simbolicamente ao mesmo tempo o dizer-sim e o dizer-não, que atuam como que "à distância", pela entrega ou a recusa — ou, para falar em termos platônicos, pelo ter e o não-ter —, que ela opõe uma à outra, ao mesmo tempo que as faz experimentar como que a uma só vez. No comportamento da coquete, o homem sente quão próximos e imbricados estão o ganhar e a impossibilidade de ganhar, que constituem a própria essência do "preço" e que, por essa inversão que faz do valor o epígono do preço, fazem aparecer esse ganho como precioso e desejável. A essência do coquetismo, resumida num paradoxo, é a seguinte: onde há amor, há — em profundidade ou na superfície — ter e não-ter, portanto onde há ter e não-ter, se não numa forma real, ao menos sob forma lúdica, há amor ou algo que é tido por ele. Aplicarei essa interpretação do coquetismo primeiro a alguns fatos da experiência. O que caracteriza o coquetismo em sua manifestação banal é o olhar terno, a cabeça meio esquivada. Há nisso uma maneira de se esquivar, ligada porém a uma maneira furtiva de se dar, de dirigir momentaneamente sua atenção para o outro, a quem, no mesmo instante, pela direção oposta da cabeça e do corpo, ela se recusa simbolicamente. Esse olhar, fisiologicamente, não pode durar mais de alguns segundos, de sorte que, voltando-se para, ele já prefigura, como inevitável, o movimento de se esquivar. Ele tem a atração do segredo, do furtado, que não pode ter duração, onde, por conseguinte, o sim e o não estão intimamente mesclados. O olhar francamente de frente, por mais intenso e insistente que seja, nunca possui precisamente esse traço específico do coquetismo. No mesmo registro superior dos efeitos do coquetismo, há o movimento do requebrado, o andar balanceado. Não só porque este último, remexendo as partes do corpo sexualmente excitantes, as põe nitidamente em evidência, enquanto, ao mesmo tempo, distância e reserva são efetivamente mantidas — mas também porque esse andar simboliza o gesto de se voltar para e se esquivar, na ritmicidade lúdica de uma alternância contínua. E quando o coquetismo vai buscar além dos movimentos e expressões do próprio sujeito não se trata mais que de uma variante técnica dessa concomitância do sim e do não que a coquete sugere. Por exemplo, ela gosta de se ocupar de objetos de certa forma marginais: cachorros, flores, crianças. Porque, de um lado, esquiva-se assim daquele que ela visa, mas, por outro lado, voltando-se para esses outros objetos, faz-lhe ver quanto é desejável. Isso significa: não é você que me interessa, mas essas coisas; e ao mesmo tempo: eu jogo esse jogo na sua frente, mas é o interesse por você que me faz voltar-me para estes outros objetos. Tal imbricação do ter e do não-ter simbólicos culmina visivelmente na atitude da mulher voltando-se para um outro homem que não aquele em quem, na verdade, ela pensa. Não se trata, aí, da simplicidade brutal própria do ciúme. Este último situa-se em outro registro e, quando se desencadeia, por assim dizer, sem reservas, para levar a vontade de conquistar ou conservar à paixão, não entra mais no domínio do coquetismo. O coquetismo, ao contrário, deve fazer aquele a quem ele se dirige sentir esse jogo instável entre o sim e o não, uma recusa de se dar, que poderia muito bem ser a esquiva que leva à entrega, uma entrega de si atrás da qual se delineia, num plano de fundo, a eventualidade, a ameaça de uma retomada de si. Toda decisão definitiva põe fim à arte do coquetismo; por isso, ele manifesta a soberania de sua arte chegando bem perto de um *definitivum*, que contrabalança porém, a cada instante, por meio de seu contrário. O duplo sentido da palavra "com", designando seja o instrumento, seja o parceiro, para indicar o objeto de uma correlação, revela aqui sua justeza profunda.

Nisso tudo, o coquetismo, enquanto comportamento deliberadamente dualista, está, ao que parece, em completa contradição com a "unidade" da natureza feminina; de fato, esse conceito, por mais diversamente o compreendamos, por mais profunda ou superficialmente o interpretemos, atravessa no entanto todas as psicologias da mulher como motivo fundamental delas. Cada vez que a alma feminina e a alma masculina são sentidas como tais num contraste essencial, trata-se de ordinário do seguinte: a mulher é, por sua natureza, o ser que tem seu centro em si mesmo, cujas pulsões e pensamentos estão mais estreitamente reunidos em torno de um ou vários pontos, e são mais diretamente excitáveis a partir deles do que no homem, mais diferenciado, cujos interesses e atividades se desenrolam muito mais numa autonomia objetivamente determinada, conforme uma divisão do trabalho que o isola da globalidade e da intimidade da pessoa. Ficará cada vez mais patente que essa dualidade não encontra nenhuma contra-instância no ser feminino como tal e, inclusive, sua relação com o ser masculino encontra no coquetismo uma síntese específica de seus próprios momentos determinantes, já que, precisamente, a relação da mulher com o homem, em seu sentido específico e sem igual, se esgota nos dois gestos, de conceder e recusar. Seguramente existe uma infinidade de outras relações entre eles, amizade e hostilidade, comunidade de interesses e solidariedade moral, aliança sob uma égide religiosa ou social, cooperação com finalidades concretas ou familiares. Mas ou estas decorrem da natureza humana em geral e podem também estabelecer-se, no essencial, entre pessoas de mesmo sexo, ou são determinadas a partir de um ponto real ou ideal qualquer situado fora dos próprios sujeitos e da linha que os liga diretamente; e então não estabelecem entre eles uma interação tão pura e exclusiva quanto a que consiste nos dois únicos gestos, de recusar e conceder, claro que no sentido mais amplo, que engloba todo conteúdo de natureza interna e externa[1]. Recusar e conceder é o que as mulheres sabem fazer com perfeição, e só elas sabem. A recusa de um homem diante de uma mulher que vai a seu encontro, ainda que totalmente justificada, ou mesmo necessária por motivos éticos, pessoais ou estéticos, sempre tem algo de penoso, de não cavalheiresco, de certo modo censurável, e mais para ele do que para a mulher, para quem ser rejeitada assume facilmente um acento trágico. Não é atitude que convém a um homem repelir uma mulher, ainda que fosse inconveniente para ela oferecer-se a ele; ao passo que, no sentido inverso, nenhuma dificuldade: recusar o homem que a corteja é, por assim dizer, uma atitude totalmente condizente com uma mulher. Mas poder se dar é igualmente, na mulher — a despeito de uma restrição que precisaremos evocar no fim destas páginas —, a expressão profunda, inteira e exaustiva de seu ser, a um ponto que o homem talvez nunca será capaz de alcançar por essa via. No dizer-sim e no dizer-não, na entrega de si e na recusa de si, as mulheres são mestras. Nada de espantoso em que elas tenham desenvolvido, no coquetismo, um modelo absolutamente inadequado para o homem, em que as duas coisas lhes são possíveis ao mesmo tempo.

Agora, que o homem se preste a esse jogo, não só porque não lhe resta outra alternativa, estando seu desejo agrilhoado ao favor da mulher, mas freqüentemente também como se ele sentisse um prazer e um gozo particulares nesse tratamento que o puxa em direções opostas, é coisa que corresponde, primeiramente, é claro, a este fenômeno bem conhecido: uma série de acontecimentos vividos, orientada para um sentimento de felicidade final, já irradia sobre os momentos que o precedem uma parte do valor do prazer deste último. O coquetismo é um dos exemplos mais típicos desse gênero de experiência. A princípio, o único prazer da série erótica deve ter sido fisiológico. Mas, a partir daí, ele se estendeu pouco a pouco a todos os momentos anteriores da série. É bem provável que, de fato, estejamos aqui diante de uma evolução histórica, na medida em que permaneçamos no plano psicológico, pois a importância do prazer se estende a momentos tanto mais afastados, alusivos, simbólicos, do domínio erótico, quanto mais refinada e culta for a personalidade. A reserva da alma pode ir tão longe que, por exemplo, um rapaz apaixonado tira de uma primeira pressão secreta da mão mais felicidade do que, mais tarde, uma entrega total da pessoa, e que, para mais de uma natureza terna e sensível — mas não necessariamente frígida ou despida de sensualidade —, o beijo, ou mesmo a simples consciência de ter seu amor correspondido, supera todas as alegrias eróticas por assim dizer mais substanciais. O homem com quem a mulher se mostra coquete já sente no interesse que ela demonstra, em seu desejo de atraí-lo, a atração, perceptível de uma maneira ou de outra, de sua posse, do mesmo modo que a felicidade prometida já antecipa uma parte da felicidade alcançada. A mesma relação apresenta, ademais, outro aspecto de efeitos autônomos: quando o valor de um objetivo finalístico já se estende de maneira sensível a meios ou estágios preliminares, o *quantum* de valor assim sentido por antecipação é, ainda assim, modificado pelo fato de que, em nenhuma série real, o ganho de um grau intermediário garante com segurança absoluta o do valor final propriamente decisivo. O crédito que temos deste, graças a esse prazer antecipado, corre o risco de não ser reembolsado. Daí resulta, para os estágios intermediários, que, ao lado dessa inevitável diminuição de seu valor, produz-se também um aumento deste devido à atração do acaso, em particular quando a fatalidade, esse elemento que escapa de toda decisão voluntária e inerente a todo êxito, surge com seu obscuro poder de atração. Se o que faz o aventureiro é que ele mostra diante do incalculável da existência a mesma confiança desenvolta do que diante do calculável — e isso justamente porque ele os aproxima tanto em sua prática e sente de maneira muito mais profunda e demoníaca a tensão entre os dois, a atração da sorte, do puro talvez, do deus escondido de nossos destinos —; se isso é verdade, pois, numa menor medida e das mais diversas maneiras, somos todos aventureiros. Se calculássemos em função de seu peso objetivo os riscos de fracasso que se interpõem entre estágio preliminar e estágio final, não nos entregaríamos sem dúvida a essa antecipação da felicidade; mas sentimos isso, ao mesmo tempo, como um atrativo, como um jogo de sedução para conquistar o favor das forças imprevisíveis. Esse valor eudemonista do acaso, da consciência de nossa ignorância do ganho e do fracasso, como que se fixou e se coagulou no comportamento psíquico que a coquete pretende provocar. De um lado, este tira da promessa incluída no coquetismo essa felicidade antecipada; mas a outra face, isto é, a eventualidade de que essa antecipação seja desmentida por uma reviravolta das coisas, vem se acrescentar simultaneamente, sob a forma de um distanciamento que a coquete faz seu parceiro sentir. Como esses dois aspectos agem constantemente um sobre o outro, como nenhum deles é sério o suficiente para expulsar o outro da consciência, sempre paira acima da negativa a possibilidade de um talvez, e esse talvez, em que a passividade de receber e a atividade de conquistar constituem um atrativo unitário, circunscreve toda a reação íntima ao comportamento da coquete.

II

Aqui a reação do homem, com esse gosto do acaso e o prazer diante dessa notável unificação intuitiva das potencialidades opostas, já significa muito mais que o simples fato de ser arrastado no movimento pendular do jogo da coquete; contudo, além disso, seu papel se eleva finalmente bem acima do de um simples objeto quando ele próprio entra no jogo, encontra um encanto neste e não num eventual *definitivum*. É somente então que toda a ação é realmente levada à esfera do jogo, pois ela ainda permanecia mesclada à da realidade enquanto e na medida em que o homem ainda levava as coisas a sério. Agora também o homem não quer de modo algum sair do caminho traçado pelo coquetismo: isso parece abolir a própria noção de coquetismo, em virtude de sua significação lógica e genética, mas é muito mais o caso exemplar em sua forma totalmente pura, liberada de todo desvio e de toda eventualidade de inversão. O que constitui agora, nessa arte de agradar, o eixo da relação e de seu poder de atração é muito mais a arte que o agradar, o qual sempre penetra de alguma maneira na realidade. Aqui o coquetismo passou completamente do papel de meio ou de simples estágio provisório ao de valor finalizado: todo o valor de gozo que lhe proviera desse primeiro papel é, agora, inteiramente absorvido no segundo, o provisório despojou-se de sua dependência para com um *definitivum* ou, simplesmente, para com a idéia deste. Agora, possuir justamente a marca do provisório, do incerto, do hesitante tornou-se — por uma contradição lógica que é, ao mesmo tempo, realidade psicológica — seu encanto definitivo, sem a menor interrogação que vá além do momento presente. É por isso que as conseqüências do comportamento da coquete — de que à sua própria segurança interna correspondam insegurança e desenraizamento no homem, muitas vezes desesperadamente entregue a um talvez — invertem-se aqui inteiramente em seu contrário. Quando o homem não aspira a nada mais que a esse estágio, a convicção de que a coquete não leva as coisas a sério lhe dá certa segurança em relação a ela. Onde não deseja um sim, nem teme um não, onde lhe é pois inútil evocar eventuais instâncias hostis a seu desejo, o homem pode se entregar bem mais amplamente à atração desse jogo do que se desejar, e talvez temer um pouco também, que o caminho tomado seja seguido até o fim.

Mostra-se aqui, enfim, sob sua forma mais pura, a relação com o jogo e com a arte que constitui, em todos os pontos, o específico do coquetismo. Este é, de fato, no mais alto grau, o que Kant definiu como a essência da arte: "uma finalidade sem fim". A obra de arte não tem absolutamente "fim", não obstante suas partes pareçam plenamente significativas e imbricadas, cada uma necessária em seu próprio lugar, como se trabalhassem juntas para um fim totalmente designável. Ora, a coquete procede exatamente como se ela só se interessasse pelo seu par do momento, como se sua ação devesse desembocar na plenitude de um abandono, de qualquer natureza que for. Mas essa significação finalística, lógica para ser exato, de sua ação não é em absoluto o que ela pensa; ao contrário, ela deixa esse agir se volatilizar sem nenhum efeito, atribuindo-lhe um fim totalmente diferente: agradar, prender, ser desejada, mas sem nunca, como quer que seja, deixar-se levar ao pé da letra. Ela age de maneira totalmente "finalística", mas o "fim" a que esse procedimento deveria tender na série da realidade, ela o recusa, o dilui na pura felicidade subjetiva do jogo. O que separa seguramente o ser íntimo (poderíamos dizer transcendental) do coquetismo do ser íntimo da arte, é que a arte se coloca de saída além da realidade e dela se liberta por um olhar que dela se desvia absolutamente; já o coquetismo, seguramente, não faz senão brincar com a realidade, mas brinca com ela. O movimento pendular das impulsões que ele apresenta e suscita nunca tira inteiramente sua atração das formas puras do sim e do não, da relação por assim dizer abstrata entre os sexos — o que seria porém o resultado verdadeiro, nunca porém de todo acessível, do coquetismo. Ao contrário, os sentimentos unicamente localizados na série da realidade sempre fazem soar ao mesmo tempo seu próprio eco, animando a pura relação formal. A coquete — e, no caso invocado acima, seu parceiro — distancia-se da realidade pelo jogo, como o artista, mas, para ela, é um jogo com a própria realidade.

Mencionei mais acima que toda essa dualidade do coquetismo não oferece nenhuma contradição com a unidade afirmada da mulher enquanto tipo, que a coloca, no plano erótico, muito mais que o homem diante de um tudo ou nada, o "tudo" não se limitando aliás, aqui, a seu significado exterior. Há tão pouca contradição que agora, nesse estágio último e superior, a coquete se torna mais o símbolo da maneira como essa unidade se dá. Parece, de fato, ser essa a experiência que a sensibilidade masculina constantemente faz: a mulher — e justamente a mais profunda, a mais oferecida, inesgotável em seus atrativos — ainda retém, ao mesmo tempo justamente que se dá e se revela com mais paixão, um último quê misterioso, inacessível. Talvez isso seja precisamente correlativo dessa unidade na qual todas as germinações e potencialidades ainda repousam estreitamente, indiferenciadas, contíguas ou imbricadas; tanto assim que, face à maioria das mulheres, tem-se a impressão de certas possibilidades não desenvolvidas, imperfeitamente atualizadas — e isso de maneira de todo independente de eventuais inibições na evolução, devidas aos preconceitos e às discriminações da sociedade. Não é justo, por certo, ver nessa "indiferenciação" apenas uma simples carência, um simples atraso; é, ao contrário, a maneira de ser totalmente positiva da mulher, criando um ideal próprio tão legítimo quanto a "diferenciação" do homem. Contudo, do ponto de vista dessa última, ela aparece como um ainda não, uma promessa não cumprida, uma profusão não desabrochada de obscuras potencialidades, que ainda não se destacaram suficientemente da intimidade da alma para se erigir em possibilidades visíveis e ofertáveis. Soma-se a isso, com o mesmo resultado, a seguinte realidade: os modos de feitura e de expressão — e não só no plano lingüístico

— que nossa cultura põe à disposição da interioridade da alma são essencialmente criados por homens, e portanto inevitavelmente a serviço da natureza masculina e de suas necessidades, de sorte que, muitas vezes, a diferença feminina não encontrará justamente para se exprimir nenhuma forma inteligível satisfatória. Esse sentimento é escorado, ademais, pelo seguinte: mesmo a entrega de si mais total não suprime, na mulher, uma derradeira restrição secreta de sua alma; existe um quê cuja revelação e apresentação se esperaria na realidade e que não quer separar-se de seu solo nutriz. Por certo não se trata aqui de limitação voluntária da entrega, de algo que não se concederia ao bem-amado, mas de uma última parte secreta da personalidade, que simplesmente não pode se explicitar, por assim dizer, e que se dá do mesmo modo, mas não sob uma forma transparente e designável: um receptáculo fechado de que o destinatário não possui a chave. Não surpreende que nasça nele a impressão de que lhe escondem alguma coisa, se o sentimento de não possuir é interpretado como recusa de dar. Qualquer que seja a origem desse fenômeno de reserva, ele se apresenta como uma misteriosa imbricação de sim e de não, de entrega e de recusa, que de certa forma o coquetismo prefigura. Retomando, em plena consciência, esse "meio escondido" da mulher, expressão de sua relação mais profunda com o homem, o coquetismo rebaixa o último fundo metafísico dessa relação ao nível de puro meio em vista da sua realização exterior; mas isso explica por que o coquetismo não é, em absoluto, uma "arte de mulher leviana" — nem a hetaira, nem a mulher menos intelectual e mais sensual são, de ordinário, as mais coquetes — e, também, porque homens sobre quem toda sedução puramente exterior permanece sem o menor efeito, se rendem ao encanto do coquetismo, deliberadamente e com o sentimento de que ele não desonra nem seu sujeito, nem seu objeto.

Nesse modelo que dá forma à contribuição da mulher à relação entre os sexos, nesse sim e não, fundamento de todo sim ou não, revela-se o sentido profundo dessa interpretação do amor que faz dele o meio termo entre ter e não ter. Como, aqui, o não-ter entrou no ter, ambos constituem as faces de uma unidade relacional cuja forma mais extrema e mais apaixonada é finalmente a posse do que, ao mesmo tempo, não se possui. A profunda solidão metafísica do indivíduo — toda veleidade de ir de um a outro para superá-la conduz simplesmente a um caminho que se perde no infinito — encontrou na relação entre os sexos uma realização com sua coloração específica, mas que a torna, sem dúvida, mais essencialmente sensível. Aqui como alhures, essa relação entre os sexos proporciona o protótipo de inúmeras relações no seio da vida pessoal e interpessoal. Ela aparece como o exemplo mais puro de tantos acontecimentos, sendo estes de saída determinados em sua forma por essa condicionalidade fundamental de nossa vida. Se nosso intelecto nunca pode apreender nenhuma espécie de devir ou de desenvolvimento espontâneos, sejam reais, sejam lógicos, a partir de uma unidade global, permanecendo esta em si estéril e não fornecendo nenhum motivo compreensível de mudança, isso se deve provavelmente ao fato de que nossa existência é determinada, em seu nascimento, pela cooperação de dois princípios. Sim, o próprio fato de que o ser humano é de essência absolutamente dualista, de que sua vida e seu pensamento se movem numa estrutura bipolar, de que cada conteúdo do ser se encontra e determina a si mesmo somente em contato com seu pólo oposto, remonta talvez, em última instância, a esse dilaceramento da espécie humana, cujos componentes se buscam eternamente, se completam mutuamente sem nunca, porém, superar sua oposição. Que o ser humano com suas necessidades apaixonadas dependa assim de um outro, de quem é separado talvez pelo maior abismo metafísico, é também a imagem mais pura, talvez mesmo a forma original, com efeitos decisivos, dessa solidão que faz do ser humano um estranho, não só entre as coisas deste mundo, mas também entre os seres que são os mais próximos de cada um.

Se por esse motivo a concomitância do ter e do não-ter representa a manifestação fenomenal infrangível e, muita vez, o fundamento último do erotismo, este se acha destilado a partir dela pelo coquetismo, sob uma forma por assim dizer lúdica, dado que o conteúdo do jogo são, justamente, partindo das complicações da realidade, as relações fundamentais mais simples: a caça e o ganho, o perigo e as possibilidades de êxito, a luta e as artimanhas. Segundo a consciência inerente ao coquetismo, cada um desses elementos opostos, profundamente imbricados, se destaca mais nitidamente do outro: ele dá ao não-ter uma espécie de visibilidade positiva, torna-o particularmente sensível, acenando com o ter, ludicamente, alusivamente, do mesmo modo que, ao contrário, aumenta ao máximo a atração do ter jogando de antemão com a ameaça do não-ter. E se a relação fundamental evocada acima mostrou que mesmo no ter definitivo nós ainda nos encontramos, de certa forma, no não-ter, o coquetismo cuida de que mesmo no não-ter definitivo possamos nos encontrar, de certa forma, no ter.

Se o coquetismo pareceu nascer exclusivamente na relação entre homens e mulheres, imagem de superfície que representa o fundamento último dessa relação sob certo ângulo de refração, isso finalmente apenas confirma uma vez mais esta vasta experiência: são inúmeros os modos universais de comportamento humano que possuem na relação entre os sexos seu modelo normativo. Se encararmos, de fato, as atitudes que o ser humano toma diante das coisas e diante de outrem, o coquetismo se apresenta entre elas como um tipo de comportamento geral, que pode adquirir qualquer conteúdo. O sim ou não que nos cabem quando estamos diante de decisões graves ou banais, obediência a nossas próprias inclinações ou interesses, tomada de partido, fé nos homens ou nas doutrinas, tornam-se inúmeras vezes um sim e não, ou então uma alternância dos dois parecendo bastante uma concomitância, porque atrás de cada decisão respectiva se delineia a outra, enquanto possibilidade ou tentação. A língua corrente diz que os seres humanos "coqueteiam" com idéias religiosas ou políticas, com coisas importantes ou com futilidades; e, com muito maior freqüência ainda do que confessamos explicitamente, um comportamento desse gênero existe em estado nascente, sob a forma de simples nuanças ou de uma mistura de atitudes opostas, iludindo-se sobre seu verdadeiro caráter. Todos os atrativos ligados à concomitância do pró e do contra, ao "talvez", à retenção prolongada de uma decisão, permitindo gozar de antemão seus dois aspectos que se excluem mutuamente na realização, todos esses atrativos não são próprios apenas do coquetismo da mulher diante do homem, mas atuam em presença de mil outros conteúdos. É a forma na qual a indecisão da vida se cristaliza num comportamento totalmente positivo, não fazendo, por certo, da necessidade virtude, mas prazer. Com esse jogo, que nem sempre é acompanhado de uma atmosfera lúdica e que consiste em se aproximar e se afastar, em pegar para tornar a largar, em largar para tornar a pegar, em fazer menção, por assim dizer, de voltar-se para o objeto, quando já se projeta a sombra do desmentido, nesse jogo a alma encontrou a forma adequada de seu comportamento diante de inúmeras coisas. O moralista pode se indignar, mas isto é parte integrante do problematismo da existência: há muitas coisas diante das quais a vida não pode, apesar de tudo, simplesmente declinar toda relação, mas diante das quais ela não possui ponto de vista evidente nem imediatamente sólido; nosso agir e nosso sentir não se inscrevem bem, por sua própria forma, no espaço que elas lhes oferecem. Começam, então, os passos adiante e atrás, as tentativas de reter e largar, e, nas oscilações dessa dualidade, esboça-se a relação fundamental deveras incontornável do ter e do não-ter. Enquanto um momento tão trágico da existência pode revestir-se dessa forma lúdica, hesitante, que não leva a nada, a que chamamos coquetismo com as coisas, compreendemos que essa forma encontra sua realização mais típica, mais pura, na relação entre os sexos, relação que já dissimula em si a relação que é talvez a mais sombria e trágica desta existência, sob a forma de sua suprema embriaguez e de seu mais brilhante atrativo.

FRAGMENTO SOBRE O AMOR (ESCRITOS PÓSTUMOS)

É entre o eu e o tu que, aos olhos da consciência humana, se produz o primeiro de seus dissentimentos e a primeira de suas unificações. A anterioridade dessa relação a fez ser considerada, além disso, como matéria de certa forma absoluta em que se jogavam, em última instância, nossas decisões e nossas avaliações, a legitimidade ou a não-legitimidade de nossa prática e das exigências que nos são colocadas: a alternativa entre o egoísmo e o altruísmo, manifestando-se ambos através de inúmeros meios e modalidades, máscaras e efeitos, esgotava finalmente toda intencionalidade de nosso comportamento. Mesmo quando este último era posto sob ideais objetivos — seja por Platão ou Tomás de Aquino, seja por Kant ou pelo socialismo —, o egoísmo mais ou menos claramente designado era tido como o princípio intrinsecamente oposto, enquanto a exigência concreta imediata, quando não também a exigência abstrata, sempre tem como conteúdo um tu, um tu pessoal ou supra-individual. Ora, à parte o fato de que o nível eudemonista, no qual se realiza —, segundo a opinião geral e na medida em que fornece os conteúdos —, essa escolha entre egoísmo e altruísmo, não engloba em absoluto todas as dimensões às quais essas noções poderiam estender-se; à parte esse fato, portanto, mesmo a amplitude máxima que possamos reconhecer a ditas noções não seria capaz de exprimir de forma pertinente nossas verdadeiras motivações últimas. Mencionemos aqui apenas um argumento exterior à via que seguimos atualmente: inúmeras vezes, nossa vontade visa formar objetivamente o ser, portanto simplesmente obter um estado, um fenômeno, uma qualidade das coisas, sem se colocar nem um pouco a questão dos efeitos que a realização dessa vontade terá para um eu ou um tu. Esse querer absolutamente objetivo, para além do eu ou do tu e seu dualismo reconciliado ou não, parece-me ser uma realidade inegável e especificamente humana, justamente. E, do mesmo modo que essa realidade situa-se como que acima desse dualismo, há outra abaixo dele: o comportamento puramente instintivo. Quando qualificamos de egoísta o fato de seguir sem contenção seus próprios instintos, já elevamos esse comportamento a uma esfera além da sua própria, uma esfera em que é colocada uma exigência altruísta; não a satisfazendo, tal comportamento parece egoísta, o que em si ele não é, certamente, mais do que o é o crescimento da planta ou a queda da pedra, que se limitam, ambos, a seguir sua própria lei e acerca dos quais não poderíamos dizer que têm comportamentos egoístas. Egoísmo significa sempre, de forma precisa, uma orientação teleológica — em direção a uma reação qualquer do eu — e para qualificar uma ação de egoísta pressupomos implicitamente uma orientação desse tipo, à qual escapa porém a natureza da pulsão; porque seu conteúdo pode estar dirigido unicamente para o bem de um tu, para a destruição do eu, para algo de teleologicamente de todo insensato. De fato, não é sequer verdade no plano fisiológico, sem falar no psicológico, que as pulsões representem unicamente adaptações úteis ao sujeito.

Se compreendermos corretamente, através desses casos simples, que nosso agir pode ser independente em relação à alternativa acima, chegaremos também a nos projetar nessa relação mais complexa, no entanto capaz de reduzir sua acuidade, em que se move o agir "por amor". Se qualificarmos de altruísta no sentido puro um agir para o bem de uma pessoa que nos é de todo indiferente ou antipática, ou mesmo hostil, então não poderemos qualificar corretamente do mesmo modo o agir por amor: pulsão e satisfação próprias nele se acham por demais imbricadas para situar simplesmente seu *telos* no tu. Mas o conceito de egoísmo ainda não convém aqui, porque, além de toda essa abnegação de si inerente ao conteúdo material de tal agir, ele não corresponderia à sua nobreza, nem ao seu valor. Enfim, esse agir, em sua origem mais profunda, é demasiado uno e inteiro para aparecer como uma espécie de mistura mecânica dos dois tipos de motivações. Portanto, não resta outra solução senão considerar a motivação pelo amor como motivação específica e primeira, ao abrigo dessa redução habitual. Que essa questão esteja mal colocada aqui, aparece no fato de que uma psicologia racionalista pode, com igual direito, pôr o agir por amor no pedestal do altruísmo ou desclassificá-lo como fundamentalmente egoísta. Acescente-se a isso que a relação entre o objetivo e a pulsão é aqui bem particular. Se satisfaço os desejos de um ser humano qualquer, porque os considero convenientes e legítimos, é o exercício dessa legitimidade que é meu objetivo final e sua realização minha única motivação decisiva. Se faço exatamente a mesma coisa porque amo esse humano, o estado a realizar é, em sua manifestação, minha meta final, mas não é minha verdadeira motivação, porque é primeiro a energia pulsional de meu amor — e por assim dizer de maneira inteiramente espontânea — que se implica nesse *telos*. Em todas as outras situações, nosso agir, cada vez que seu fundamento axiológico é posto sob o signo positivo, se vê separado de sua motivação última por uma certa distância que o amor ignora. Porque é exatamente esta a diferença decisiva: o amor por um ser humano, enquanto motivação por assim dizer geral de uma ação determinada, se solidariza com seu conteúdo, irriga-o com seu sangue muito mais diretamente do que em qualquer outra motivação (com exceção, talvez, do ódio). De certa maneira, percorre-se um caminho mais longo quando se realiza uma ação benéfica a alguém por sentido moral ou seguindo sem resistir seu próprio impulso, por religião ou por solidariedade social, do que quando o fazemos por amor. Aqui o caráter da ação benéfica, essa tensão entre o eu e o tu, não aparece em absoluto com a mesma acuidade, porque o eu aproximou-se afetivamente do tu, e seu próprio querer-viver flui, para lá desse hiato, rumo ao outro, abolida toda distância, sem precisar de um ponto que separa ao mesmo tempo que liga. No entanto, o motor aqui é outro que não essa unidade metafísica de todos os seres, da qual Schopenhauer, por exemplo, faz decorrer o bem-fazer e o sacrifício. O milagre do amor é justamente não abolir o ser-para-si nem do eu nem do tu, fazer dele inclusive a condição que permite essa supressão da distância, esse fechar-se egoísta em si mesmo do querer-viver. Isso é algo totalmente irracional, que se subtrai à lógica das categorias habitualmente válidas. O fato de Schopenhauer querer explicar essa supressão pela unidade transcendental do ser é um racionalismo em que começa a se manifestar sua incompreensão (sobre a qual ainda precisaremos discutir mais adiante) quanto à essência do amor. Um estudo a posteriori, partindo dessas categorias, pode sem dúvida estender o agir por amor a uma correlação de egoísmo e de altruísmo, e também de pulsão e finalidade. Mas sua verdadeira natureza íntima fica, com isso, tão desconhecida como quando se rebaixa o desejo de união física com a amada ao nível de simples ''pulsão sexual''.

Partindo da outra dimensão, em que se entrelaçam de maneira mais estreita o pulsional propriamente dito e o teleológico, tomou-se o amor, no sentido especificamente erótico, e o comportamento que lhe corresponde, pela confluência das duas fontes: sensualidade e afetividade. Mas esse dualismo também elude a unidade decisiva; esta última permanece, visivelmente, uma palavra vazia, se nos contentarmos com dizer que sensualidade e afetividade constituem justamente uma unidade no amor. Porque seria preciso designar a força que liga, neles mesmos ou um ao outro, esses dois elementos do psiquismo tão diferentes um do outro; mas então a essência do amor residiria nessa própria força que é diferente ao mesmo tempo de cada um dos dois elementos e que seria, pois, impossível constituir mecanicamente com uma parte de um e de outro — sendo o erro fundamental de todas as tentativas desse tipo seu caráter mecânico, que pretende combinar, a partir de elementos preexistentes, o que, intrinsecamente uno, originou-se da vida. É por isso que seria muito melhor supor que atividade sensual e atividade afetiva nascem seja como dois efeitos dessa unidade na superfície da consciência, seja de seu encontro com a multiplicidade do natural e do dado, como fragmentações prismáticas realizadas por nossa organização íntima sobre a realidade erótica unitária. De fato, assim como inúmeras vezes nosso intelecto não consegue penetrar uma unidade pela compreensão, e deve portanto fragmentá-la em vários elementos a partir de um pressentimento, de uma exigência ou de uma intuição, para reconquistá-la em seguida a título de "unidade sintética" pela reunião desses elementos, assim também nossa realidade afetiva aparece com freqüência como algo uno e inteiro em si, mas que, mal chega à superfície de nossa vida prática (em todos os sentidos do termo) e estando diversamente desenvolvido, divide-se numa multiplicidade de sentimentos particulares. Se, no entanto, nos ativermos à sua unidade, percebê-lo-emos como uma cooperação, uma complementaridade, uma imbricação desses elementos diferenciados. Não se trata de análise intelectual (se bem que isso possa *também* sê-lo), mas de evolução afetiva vivida. A multiplicidade dos sentimentos despertados diante do Deus da fé, as sensações não raro divergentes que marcam nossa reação a uma obra de arte, a estranha "mistura" afetiva que um encontro suscita com freqüência em nós, a imbricação e a confusão dos sentimentos em nossas emoções íntimas, paralelamente a uma avaliação global de nosso próprio eu, tudo isso eu já gostaria de ter como manifestações secundárias, dissecções de um comportamento totalmente unitário em si, com sua orientação subjetiva. É, enfim, uma questão de palavras: essa realidade íntima que, no fenômeno afetivo, é sempre *una*, *um* destino, *uma* surpresa, *um* ato, acaso já vamos chamá-la de sentimento ou tomá-la como ser e comportamento indefiníveis, subconscientes? É a primeira fórmula que me parece boa; não vejo por que seria necessário pressupor, para essa fragmentação cujos produtos nos são dados na forma de sentimentos, um acontecimento fundamentalmente diferente daqueles. Ora, parece que se produz algo desse gênero onde se compreende a relação erótica como a síntese de uma relação em si sensual e de uma relação em si afetiva. A reunião das duas, no nível da consciência do vivido, representa então a unidade de que provêm a maneira de ser íntima, de modo algum dividida em si, que chamamos precisamente de amor.

Não irei mais longe acerca dessas relações; de fato, tratava-se apenas de refutar essa possibilidade de "compor" o amor a partir de uma multiplicidade de fatores, nenhum dos quais justamente é amor. Uma vez que ele está presente, é bem possível que os elementos mais diversos venham enxertar-se nele e que, por conseguinte, todo um fenômeno global complexo se apresente sob seu nome. Ele é, em si, um ato psíquico impossível de fragmentar desta maneira, ou de explicar pela cooperação de outros elementos. E a diversidade de inúmeras manifestações que a língua batiza com esse nome não depõe contra sua unidade fundamental, mas prova ao contrário a existência desta. Pois seria de todo inverossímil que uma realidade que para aparecer necessita simplesmente que um elemento espere a chegada de outro possa constituir o núcleo imutável de uma profusão tão infinita de acontecimentos sempre em evolução. Amor a Deus e amor à pátria, amor cristão ao próximo e amor entre homem e mulher, amor por um amigo ou amor prático-racional ao ideal humanitário, eis já uma boa diversidade; mas, além disso, tem-se razão em falar de amor para com os objetos inanimados, não só por ideais ou estilos de vida, mas também por paisagens, objetos de uso corrente, obras de arte. Se ''amo'' a paisagem de Florença, isso ainda não significa que eu gostaria de fato de viver lá em permanência, nem tampouco que a admire de um ponto de vista estético. Talvez as duas coisas sejam verdadeiras. Mas nem o desfrute subjetivo, por assim dizer prático, dessa paisagem, nem o juízo de valor objetivo sobre ela podem, separada ou conjuntamente, entrar em jogo nessa atitude íntima bem especial que designo sob o termo de amor por ela. Inclusive aqui, parece, está o segredo do erotismo sexual, de também *amarmos* o *corpo* do outro nesse sentido, de não nos contentarmos com ''*desejá-lo*'' e contemplá-lo de um ponto de vista estético. Um desejo e uma avaliação podem juntar-se a isso; no entanto, comparado ao comportamento erótico em relação ao objeto, não só o desejo, mas, examinando com atenção, a própria avaliação também considera o objeto "com demasiada atenção". O primeiro visa o exercício de um poder; a segunda, a sentença de um poder, duas atitudes bastante distanciadas do amor. Justamente, o amor por um objeto inanimado pode permitir que se esclareça a um grau particular de pureza essa relação do sujeito com um objeto, que não pode se comparar a nada mais, nem portanto se compor de nada mais, e que chamamos de amor. Aqui, nós o vemos totalmente separado de tudo o que é prático, teórico, de todos os juízos sobre o valor das coisas (porque nada nos impede de "amar" o que é objetivamente de todo indiferente, até mesmo de menor valor). Vemos esse amor ascender de profundezas totalmente irracionais da vida, sem que vise necessariamente qualquer melhoria ou deterioração dessa vida. Vemo-lo como um puro estado ou perturbação do sujeito, categoria em que, no entanto, se insere o teor fatual do objeto: em virtude de sua incomparabilidade transcendental, o objeto amado se encontra, no plano formal, no mesmo nível do objeto do conhecimento, do objeto da fé, ou do objeto de um juízo. Amando-o, damos uma forma acabada à relação fundamental entre a alma e o mundo: a alma permanece decerto fixada a seu centro — aquilo no qual ela possui seus limites e sua grandeza —, mas essa imanência é a forma em que ela se torna transcendente, capaz de apreender os conteúdos do mundo e integrá-los a si. Se ela não fosse, primeiramente, em si, não poderia sair de si mesma; mas essa formulação, inevitavelmente cronológica, não designa uma sucessão que separa, mas a determinação da vida, fundamentalmente unitária. Todavia, é a partir do conceito sujeito/objeto que o amor revela o mais forte da imanência moral da apreensão do mundo. De fato, no ato de conhecimento, como no ato de estimação, sentimos como uma injunção em torno de nós, algo que designamos imperfeita e pejorativamente como norma, medida ou validade, e que está simplesmente situado além do sujeito e do objeto. Mas quando amamos, em particular um objeto que não traz em si — como tudo o que possui a alma humana — uma intenção latente de ser amado, vemo-nos resolutamente livres na escolha, na maneira e na medida de nossa atividade subjetiva. Mas aqui também é o *objeto* que modelamos por essa atividade; o movimento do sentimento segue a forma de uma elipse: um de seus focos é ocupado pelo objeto, ao passo que ela permanece em sua totalidade compreendida na imanência do sentimento. Assim, também podemos, nesse ponto extremo em que o significado próprio do objeto se aproxima do limite do zero e o atinge inclusive, sentir esse algo envolvente, que ultrapassa a exterioridade recíproca da alma e do mundo, mas que, no caso limite do amor, ainda faz deste uma relação universal da alma.

O amor é uma das grandes categorias que dá forma ao existente, mas isso é dissimulado tanto por certas realidades psíquicas como por certos modos de representações teóricas. Não há dúvida de que o efeito amoroso desloca e falsifica inúmeras vezes a imagem objetivamente reconhecível de seu objeto e, nessa medida, é decerto geralmente reconhecido como "formativo'', mas de uma maneira que não pode visivelmente parecer coordenada com as outras forças espirituais que dão forma. De fato, que acontece aqui? Uma imagem (supostamente) ''verdadeira'' do ser amado foi estabelecida por fatores teóricos. A isso vem somar-se, por assim dizer *a posteriori*, o fator erótico, acentuando certos aspectos, eliminando outros, mudando a coloração do conjunto. Trata-se portanto, aqui, de uma imagem já existente que se encontra modificada em sua determinação qualitativa, sem que se tenha abandonado seu nível de existência teórica, nem criado um produto de uma nova categoria. Essas modificações que o amor já presente traz à exatidão objetiva da representação nada têm a ver com a criação inicial que produz o ser amado como tal. O ser humano que eu contemplo e conheço, que temo ou venero, aquele que a obra de arte modelou, é cada vez um produto particular; e se tomamos apenas a pessoa apreendida pelo entendimento como aquilo que ela ''é na realidade'' e consideramos todas as outras modalidades como múltiplas situações em que subjetivamente colocamos essa realidade modificada, isso se deve unicamente à preponderância da imagem intelectual em nossa atividade prática. Na verdade, todas essas categorias são coordenadas, por sua significação, quaisquer que sejam o momento ou as circunstâncias em que elas atuam. E o amor é uma delas, na medida em que cria seu objeto como produto totalmente original. Exteriormente e conforme a ordem cronológica, é preciso, por certo, antes de mais nada, que o ser humano exista e seja conhecido, antes de ser amado. Mas, então, esse algo que acontece não tem lugar com esse ser existente que permaneceria não modificado; foi, ao contrário, no sujeito que uma nova categoria fundamental tornou-se criadora. O outro é "meu amor", com tanta razão quanto é "minha representação"; não é um elemento invariável que entraria em todas as configurações possíveis e, portanto, na situação de ser amado, ou ao qual viria acrescentar-se de certa forma o amor, mas um produto original e unitário que não existia antes. Pensemos simplesmente no caso da religião: o Deus que se ama torna-se justamente, por isso mesmo, diferente daquele que seria se não fosse amado, permanecendo inalteradas todas as qualidades que por outro lado lhe são atribuídas. Mesmo que seja amado por certas qualidades ou efeitos, essas "razões" do amor situam-se num nível bem diferente do próprio amor, e, tão logo o amor aparece realmente, elas são introduzidas afetivamente com a totalidade de seu ser numa categoria totalmente nova em relação à que ocupariam se o amor estivesse ausente, ainda que, em ambos os casos, também sejam "objeto de fé". Mas, justamente, essa justificativa não é em absoluto necessária. Eckhart anuncia expressamente que não devemos amar a Deus em razão de determinada qualidade ou ocasião particular, mas exclusivamente porque ele é Ele. Sem nenhuma ambigüidade, isso revela que o amor é uma categoria primordial, não tendo nenhum outro fundamento além de si mesmo. E ele é precisamente isso, porque determina seu objeto na totalidade de seu ser último, o nada como tal na ausência de toda existência prévia. Do mesmo modo que eu, enquanto amante, *sou* diferente do que era antes — pois não é determinado "aspecto" meu, determinada energia que ama em mim, mas meu ser inteiro, o que não precisa significar uma transformação visível de todas as minhas outras *manifestações* —, também o amado, enquanto tal, é um outro, nascendo de outro *a priori* que não o ser conhecido ou temido, indiferente ou venerado. Porque o amor está, antes de mais nada, absolutamente intricado em seu objeto, e não simplesmente associado a ele: o objeto do amor em toda a sua significação categorial não existe antes do amor, mas apenas por intermédio dele. O que faz aparecer de maneira bem clara que o amor — e, no sentido lato, todo o comportamento do amante enquanto tal — é algo absolutamente unitário, que não pode se compor a partir de elementos preexistentes.

Totalmente inúteis parecem, pois, as tentativas de considerar o amor como um produto secundário, no sentido de que seria motivado como resultante de outros fatores psíquicos primários. No entanto, ele pertence a um estágio demasiado elevado da natureza humana para que possamos situá-lo no mesmo plano cronológico e genético da respiração ou da alimentação, ou mesmo do instinto sexual. Tampouco podemos safar-nos do embaraço por esta escapatória fácil: em virtude de seu sentido metafísico, de seu significado atemporal, o amor pertenceria sem dúvida à primeira — ou última — ordem dos valores e das idéias, mas sua realização humana ou psicológica colocá-lo-ia num estágio ulterior de uma série longa e complexa na evolução contínua da vida. Não podemos nos satisfazer com essa estranheza recíproca de seus significados ou de suas reações. De fato, o problema de seu dualismo certamente é aí reconhecido e nitidamente expresso, mas não resolvido; determo-nos nessa conclusão seria duvidar da sua solubilidade.

Volto mais uma vez sobre o conceito mais geral do amor, que, para lá de sua manifestação sexual, engloba não só o que sucede entre dois seres humanos, mas também o que concerne a todos os conteúdos possíveis deste mundo. Parece-me da mais alta importância reconhecer o amor como uma função imanente, diria eu formativa da vida psíquica, também ela se atualizando seguramente a partir de uma incitação do mundo, mas nada determinando de saída quanto aos portadores dessa incitação. Este sentimento está mais completamente ligado à unidade que engloba a vida do que muitos outros, talvez a maioria dos outros. A maioria de nossos sentimentos de prazer e de dor, de veneração e desprezo, de temor e de interesse, nascem e vivem numa distância bastante grande do ponto em que se unem as correntes da vida subjetiva ou, antes, do centro onde elas brotam. Mesmo quando "amamos" um objeto inanimado em vez de qualificá-lo de útil, agradável ou belo, pensamos nessa sensação central, de intensidade variabilíssima, é claro, que ele deflagra em nós, enquanto essas avaliações correspondem a reações mais periféricas. A existência de interesses, sensações, imbricações íntimas, junto a um sentimento de amor, não é bem expressa, na minha opinião, pela noção das partes diferenciadas da alma. Acho, ao contrário, que o amor é, em todas as circunstâncias, uma função da totalidade relativamente indiferenciada da vida e que esses casos apresentam apenas um grau menor de intensidade dessa totalidade.

O amor é sempre uma dinâmica que se gera, por assim dizer, a partir de uma auto-suficiência interna, sem dúvida trazida, por seu objeto exterior, do estado latente ao estado atual, mas que não pode ser, propriamente falando, provocada por ele; a alma o possui enquanto realidade última, ou não o possui, e nós não podemos remontar, para além dele, a um dos *movens* exterior ou interior que, de certa forma, seria mais que sua causa ocasional. É esta a razão mais profunda que torna o procedimento de exigi-lo, a qualquer título legítimo que seja, totalmente desprovido de sentido. Sequer estou certo de que sua atualização dependa sempre de um objeto, e se aquilo que chamamos de desejo ou necessidade de amor — esse impulso surdo e sem objeto, em particular na juventude, em direção a qualquer coisa a ser amada — já não é amor, que por enquanto só se move em si mesmo, digamos um amor em roda livre. Seguramente, a pulsão em direção a um comportamento poderá ser considerada como o aspecto afetivo do próprio comportamento, ele próprio já iniciado; o fato de nos sentirmos "levados" a uma ação significa que a ação já começou interiormente e que seu acabamento não é outra coisa que o desenvolvimento ulterior dessas primeiras inervações. Onde, apesar do impulso sentido, não passamos à ação, isso se dá seja porque a energia não basta, de pronto, para ir além desses primeiros elos da ação, seja porque esta é contrariada por forças opostas, antes mesmo que esses primeiros elos já anunciados à consciência tenham podido se prolongar num ato visível. Do mesmo modo, a possibilidade real, a ocasião apriorística desse modo de comportamento que chamamos de amor, fará surgir, se for o caso, e levará à consciência, como um sentimento obscuro e geral, um estágio inicial da sua própria realidade, antes mesmo que a ele se some a incitação por um objeto determinado para levá-lo a seu efeito acabado. A existência desse impulso sem objeto, por assim dizer incessantemente fechado em si, acento premonitório do amor, puro produto do interior e, no entanto, já acento de amor, é a prova mais decisiva em favor da essência central puramente interior do fenômeno amor, muitas vezes dissimulado sob um modo de representação pouco claro, segundo o qual o amor seria uma espécie de surpresa ou de violência vindas do exterior (como também pode parecer, aliás, num plano subjetivo ou metafísico), tendo seu símbolo mais pertinente no "filtro de amor", em vez de uma maneira de ser, de uma modalidade e de uma orientação que a vida como tal toma por si mesma — como se o amor viesse de seu objeto, quando, na realidade, vai em direção a ele.

Todavia, esse tipo e esse ritmo da dinâmica vital, determinados do interior, sob os quais o amor se apresenta, também têm seu pólo oposto — tanto que o ser humano é amante, assim como é, em si, bom ou mau, excitado ou ponderado. De fato, o amor é o sentimento que, fora dos sentimentos religiosos, se liga mais estreita e mais incondicionalmente a seu objeto. À acuidade com a qual ele brota do sujeito corresponde a acuidade igual com que se dirige para o objeto. O que é decisivo aqui é que nenhuma instância de caráter geral vem se interpor. Se venero alguém, é pela mediação da qualidade de certo modo geral da venerabilidade que, em sua realidade particular, permanece ligada à imagem desse homem por tanto tempo quanto eu o venerar. Do mesmo modo, no homem que temo, o caráter temível e o motivo que o provocou estão intimamente ligados; mesmo o homem que odeio não é, na maioria dos casos, separado em minha representação da causa desse ódio — é esta uma das diferenças entre amor e ódio que desmente a assimilação que comumente se faz deles[1]. E, a despeito da advertência de Eckhart, a relação psíquica geral com Deus permanece quase constantemente presa a suas propriedades: bondade e justiça, paternidade e potência, senão a advertência teria sido inútil. Mas o específico do amor é excluir do amor existente a qualidade mediadora de seu objeto, sempre relativamente geral, que provocou o amor por ele. Ele permanece em seguida como intenção direta e centralmente dirigida para esse objeto, e revela a sua natureza verdadeira e incomparável precisamente nos casos em que sobrevive ao desaparecimento indubitável do que foi sua razão de nascer. É somente onde se trata verdadeiramente de um *puro* amor a Deus que a fórmula de Eckhart é pertinente; no entanto, pertinente ela é para todo amor, porque este deixa atrás de si todas as *particularidades* do amado que estiveram na sua origem. As fórmulas extáticas dos amantes — o ser amado representa "o mundo inteiro", não existe "nada fora dele" e outras expressões semelhantes — significam simplesmente, positivada, essa exclusividade do amor com a qual ele, esse fenômeno totalmente subjetivo, encerra seu objeto exata e imediatamente. Por mais longe que olhemos, não há nenhum outro sentimento com o qual a absoluta interioridade do sujeito tenda de maneira tão integral sua vida para o absoluto de seu objeto, o *terminus a quo* e o *terminus ad quem* integrando-se, apesar de sua oposição insuperável, incondicionalmente a *uma só* corrente, que nenhuma instância intermediária vem em parte alguma ampliar, ainda que, de início, uma instância desse gênero tenha guiado um pouco a corrente e ainda mantenha de modo algo acidental um canal lateral de ligação.

Essa constelação, que engloba inúmeros graus, desde a frivolidade até a mais alta intensidade, é vivida segundo o mesmo modelo, seja em relação a uma mulher ou um objeto, a uma idéia ou um amigo, à pátria ou uma divindade. Isso deve ser solidamente estabelecido em primeiro lugar, se quisermos elucidar em sua estrutura seu significado mais restrito, o que se eleva no terreno da sexualidade. A ligeireza com que a opinião corrente alia instinto sexual a amor lança talvez uma das pontes mais enganadoras na paisagem psicológica exageradamente rica em construções desse gênero. Quando, ademais, ela penetra no domínio da psicologia que se dá por científica, temos com demasiada freqüência a impressão de que esta última caiu nas mãos de açougueiros. Por outro lado, o que é óbvio, não podemos afastar pura e simplesmente essa relação.

Nossa emoção sexual desenrola-se em dois níveis de significação. Por trás do arrebatamento e do desejo, da realização e do prazer sentidos, diretamente subjetivos, delineia-se, conseqüência disso tudo, a reprodução da espécie. Pela propagação contínua do plasma germinal, a vida corre infinitamente, atravessando todos esses estágios ou levada por eles de ponta a ponta. Por mais insuficiente, por mais preso a um estreito simbolismo humano que esteja o conceito de objetivo e de meios em presença da misteriosa realização da vida, devemos qualificar essa emoção sexual de meio de que a vida se serve para a manutenção da espécie, confiando aqui a consecução desse objetivo não mais a um mecanismo (no sentido lato do termo) mas a mediações psíquicas. Que numa evolução contínua o amor também surja entre elas, é inegável. Porque não só a coincidência típica entre a época da pulsão sexual e a época do despertar amoroso não pode ser o efeito de um puro acaso, como também não se compreenderia a recusa apaixonada (ainda que apresente exceções) de toda outra relação sexual senão com o ser amado, nem o desejo tão apaixonado desta. Deve haver aqui uma correlação genética, não simplesmente associativa. A pulsão, dirigida a princípio, tanto no sentido genérico quanto no sentido hedonista, ao outro sexo enquanto tal, parece ter diferenciado cada vez mais seu objeto, à medida que seus suportes se diferenciavam, até singularizá-lo. Claro, a pulsão não se torna amor pelo simples fato de sua individualização; esta última pode ser refinadamente hedonista, ou instinto vital-teleológico para o parceiro apto a procriar os melhores filhos. Mas, indubitavelmente, ela cria uma disposição formativa e, por assim dizer, um marco para essa exclusividade que constitui a essência do amor, mesmo quando seu sujeito se volta para uma pluralidade de objetos. Não duvido em absoluto que no seio do que se chama "atração dos sexos" constitui-se o primeiro *factum*, ou, se quiserem, a prefiguração do amor. A vida se metamorfoseia também nessa produção, traz sua corrente à altura dessa onda, cuja crista, porém, sobressai livremente acima dela. Se considerarmos o processo da vida absolutamente como um dispositivo de meios a serviço deste objetivo — a vida — e se levarmos em conta o significado simplesmente efetivo do amor para a propagação da espécie, então este também é um dos meios que a vida se dá para si e a partir de si.

No entanto, no momento em que esse objetivo é alcançado, em que a evolução natural tornou-se amor a fim de que o amor se torne, por sua vez, evolução natural, nesse momento preciso, pois, o quadro se transforma; assim que o amor tem seu lugar nessa significação para a teleologia da espécie, ele já é algo diferente, para além desse estatuto. Ele, sem dúvida, sempre é vida, mas de uma espécie particular, uma vida tal que sua dinâmica própria, desenrolando-se o processo vital naturalmente, só existe a partir de então para si mesma e representa um sentido e um *definitivum* que se subtraem totalmente a essa teleologia, e inclusive, na medida em que permanece o vínculo com ela, a invertem: o amante tem a sensação de que a vida deve estar agora a serviço do amor, existe de certa forma para lhe oferecer a força de durar. A vida pulsional cria em si mesma momentos de apogeu em que ela entra em contato com a outra ordem de vida, mas, no instante desse contato, esses auges lhe são por assim dizer arrancados e se põem a existir daí em diante por virtude de sua própria legalidade e de seu próprio significado. Pode-se aplicar também aqui a fórmula goethiana: tudo o que alcança a perfeição em sua própria espécie supera os limites desta. O específico da vida, que de um modo ou de outro gera sem cessar, é produzir mais vida, ser um *mais que a vida*.

Então ela dá à luz produções cognitivas ou religiosas, estéticas ou sociais, técnicas ou normativas, que representam um excedente para lá do simples processo de vida e que serve a este. E, na medida em que cada uma dessas produções se forja uma lógica e um sistema axiológico correspondente a seu conteúdo fatual e se torna um domínio autônomo no interior de suas fronteiras, elas se oferecem de novo à vida sob a forma de conteúdos, que a enriquecem e a intensificam, mas não raro também sob forma de rigidezes —, contra as quais se chocam ou se desviam seu próprio fluxo, sua própria ritmicidade —, ou de impasses em que ela se esgota mortalmente. Toda essa contingência, que vai até a contradição, cujas séries que devemos qualificar de "ideais" testemunham contra a vida, a qual as realiza porém em si mesma, tem sua problemática mais profunda no fato de que essas mesmas séries originaram-se finalmente em sua totalidade na vida e são englobadas por ela. Elas surgem da própria vida, pois é sua essência mais profunda superar-se e criar a partir de si o que não é ela, colocar seu outro, de maneira criadora, em face de seu próprio desenrolar e de sua própria legalidade. Essa transcendência, essa relação — produção, contato, correlação, harmonia ou combate — do espírito com seu além, que é entretanto o próprio modelo de sua vida interior, manifestando-se mais simplesmente na realidade da consciência de si do sujeito que se faz ele próprio objeto, parece-me ser a realidade original da vida, na medida em que é espírito, e espírito na medida em que é vida. E ela não é apenas dada onde os conteúdos espirituais se cristalizaram numa solidez ideal; antes mesmo de alcançar esse estágio de agregado, a vida pode, embora permanecendo mais estreitamente fechada em si, gerar camadas, a partir e acima dela mesma, que seu fluxo, respondendo à especificidade da natureza e à finalidade vital, não irriga mais. O amor parece-me habitar uma dessas camadas. Está englobado psicologicamente, mesmo em seu desprendimento aéreo continuamente mediatizado, pela vida movediça e seu significado metafísico, contudo tão transcendente em relação a ela em sua própria intencionalidade, suas leis específicas e seu autodesenvolvimento, como estão o conhecimento objetivo-lógico em relação à representação psíquica, ou a qualidade axiológica da obra de arte em relação às emoções psicológicas que acompanham sua criação ou sua fruição. Determinar os conteúdos do amor nesse puro ser-si-mesmo de uma maneira mais positiva do que a tentativa precedente de rejeitar a idéia de que é composto de elementos estranhos talvez seja uma tarefa insolúvel. A separação em relação à esfera em que a vida se desenrola — levada pela pulsão sexual — é ainda mais difícil pelo fato de o amor não banir em absoluto a "sensualidade" de sua própria esfera. Não posso ver nenhum motivo para a afirmação, ouvida com freqüência, de que erotismo e sensualidade se excluiriam. O que se exclui, na realidade, é amor e sensualidade *isolada*, colocando-se o prazer sensual como fim em si. Pois, por um lado, a unidade que colore o ser do sujeito na medida em que ele ama se encontra assim dilacerada e, por outro lado, a orientação individual do amor que se apossa cada vez de seu objeto, e apenas dele, regride em benefício de um prazer totalmente não-individual, cujo objeto é, por princípio, substituível por qualquer outro; ademais, dado que a substitutibilidade é sempre a própria essência de um *meio*, o objeto também se revela simples meio para alcançar um objetivo solipsista — o que pode, indiscutivelmente, ser tido como a oposição mais flagrante entre o *amor* e esse objeto. Essa contradição não caracteriza apenas a utilização do ser pretensamente amado como meio, mas também a intrusão da categoria teleológica em geral no domínio do amor. Todos esses reinos transvitais permanecem livres, são como que garantidos pelo timbre e a palavra do rei, em relação a todo o encadeamento dos objetivos e dos meios. A expressão de Schopenhauer, a arte atinge "por toda parte o alvo", não significa nada mais que isso, e vale também para o amor. O que quer que ele deseje ou cobice, nunca se insere, enquanto permanece puramente si mesmo, na técnica dos objetivos e dos meios, da qual uma sensualidade apenas em busca de si é sempre prisioneira. Em compensação (e os documentos fisiológicos vão nesse sentido), parece que a sensualidade, do mesmo modo que todos os outros elementos originalmente enraizados na vida pura e simples, atravessa ao mesmo tempo que eles o limiar do amor verdadeiro; ou então, considerado do ponto de vista evocado precedentemente, que na amplitude da corrente erótica unitária também passa essa veia, separada das outras *a posteriori* pelo conceitualismo isolador, mas não na realidade da vida. Se designamos como "natureza erótica" aquela em que, de um lado, é totalmente acabada a metamorfose da energia vital nessa esfera do amor, auto-suficiente e transcendendo a vida pura e simples, ao passo que essa esfera é, de outro lado, irrigada por toda a dinâmica da vida afluente sem nunca estagnar, então há naturezas eróticas totalmente desprovidas de sensualidade, assim como outras que são sensualíssimas. Essas diferenças de dote físico-psíquico individualizam o erótico sem tocar na identidade fundamental de sua decisão vital.

Mas o que o amor com certeza recusa totalmente é o interesse pela reprodução da espécie. Como o ser que ama libertou-se enquanto tal de toda relação propriamente finalística, da hedonista e da egoísta, e como a relação moralista e altruísta não *pode* deixar de apegar-se a seu estado, que é simplesmente um ser e não um agir[2], assim também a relação finalística a serviço da espécie lhe é igualmente estranha. Não é um ponto de passagem, mas um ponto final, ou melhor, seu ser e seu sentimento de si estão absolutamente além de toda noção de caminho e objetivo final, de toda propensão a servir de meio ou a servir-se de um meio, do mesmo modo que o conteúdo da fé religiosa e a obra de arte; simplesmente, nesses últimos casos, a forma duradoura dada a uma produção torna mais clara do que no amor a distância em relação à teleologia da vida. Isso permite, talvez, ouvir essa tonalidade trágica geral que emana de todo grande apaixonado e de todo grande amor, tanto mais perceptível neste último quanto mais nitidamente separado do desenrolar racional da vida, tanto mais inevitável onde o amor se fecha neste e a ele se mescla, como no casamento. A tragédia de Romeu e Julieta é dada com a medida de seu amor: pela dimensão deste, o mundo empírico não tem lugar. Mas como ele vem desse mundo e deve enredar sua evolução real à sua condicionalidade vê-se de pronto carregado de uma contradição mortal. Se o trágico não significa simplesmente o choque de forças ou idéias, de volições ou exigências opostas, porém muito mais o fato de que o que destrói uma vida desenvolveu-se a partir de uma necessidade última dessa mesma vida, de que a trágica "contradição com o mundo" é, em última instância, uma contradição interna do próprio sujeito — então todos os habitantes do reino da "idéia" carregam esse fardo. O que confere o caráter trágico a tudo o que se situa acima do mundo ou em oposição a ele não é que o mundo não possa suportá-lo, que o combata ou mesmo o destrua, o que seria apenas triste ou revoltante; mas sim o fato de que, enquanto idéia e suporte dessa idéia, ele tirou a força de nascer e durar precisamente desse mundo, onde não encontra lugar.

E essa é a causa desse traço trágico inerente ao erotismo puro, desviado da corrente da vida; ela nasceu justamente dessa corrente cuja lei mais íntima se realiza, enquanto ela própria engendra sua outra lei, estranha e mesmo oposta à primeira. A beleza atemporal de Afrodite ergue-se no meio da espuma do mar agitado, que o tempo e o vento levam. A vida que gera e procria sem cessar, que pôs a atração dos sexos como mediadora entre duas cristas de suas vagas, conhece agora essa poderosa inversão, pela qual essa atração torna-se amor, isto é, se eleva no reino do que é indiferente à vida, estranho a toda procriação e mediação. Pouco importa que isso seja justificado pela idéia ou que a justifique, pouco importa que o amor regrida para um vínculo anterior e assuma, enquanto realidade, o significado que sublinhamos para a reprodução da espécie. No que concerne à sua significação própria, ele ignora tudo desse interesse, é e continua a ser a permanência do sujeito em seu estado, que, de uma maneira que não se pode explicar, mas somente viver, cresce em torno de outro sujeito, encontra finalmente sua centralidade em si mesmo e não na manutenção e no desenvolvimento da espécie, nem num terceiro a gerar. Mas o amor provém dessa vida da espécie e algo como uma contradição interna, uma autodestruição, paira em torno dele, desde que, existência própria, dela se destacou, separando-se de sua significação. A sombra trágica que paira sobre o amor não vem de si mesmo, é a vida da espécie que a projeta. Por suas próprias forças e por seu desenvolvimento finalístico, esta impele para o alto a plenitude do amor; mas no instante em que desabrocha o amor exala seu perfume numa região de liberdade, bem além de seu enraizamento. Com certeza não se trata de uma tragédia com destruição e desenlace fatal. Mas esta é a contradição: ao lado ou acima da vida que quer tudo englobar, há alguma coisa que lhe é estranha, que se destaca de sua corrente criadora, que tira de sua própria semente fortuna e infortúnio, e que não obstante vem justamente de uma profunda vontade, ou necessidade, ou melhor, talvez, de um dever dessa mesma vida, e essa alienação em relação a ela representa seu próprio e último segredo; essa contradição, essa negação, sem agressividade decerto, da vida, que é negação de si, faz a doce música trágica soar diante da porta do amor. Talvez em seu puro ser-si ele já contenha algo do trágico, pois há uma contradição entre a interioridade indissolúvel do sentimento em seu portador e o envolvimento, a absorção do outro, e a necessidade de fundir-se com ele, contradição no processo entre o eu e o tu, que mesmo essa última instância não pode preservar de um perpétuo recomeçar. No entanto, trata-se aqui do outro trágico, aquele que, partindo da vida da espécie, projeta uma sombra sobre o amor. É com ele que essa vida transcendeu-se, engendrou por suas próprias forças a infidelidade para consigo mesma, produziu uma esfera que ainda pode ser tomada em sua significação cosmo-metafísica, porque é essa significação que faz que a vida seja justamente mais que a vida, mas em cuja esfera ela rompeu com a sua lei de ser um acréscimo de vida.

São altamente complexas e finamente tecidas as relações múltiplas em que no amor enredam-se individualismo e vida da espécie. Só que a complexidade não reside em absoluto em todos os lugares da própria experiência vivida. Com muita freqüência, esta é, antes, totalmente monocolor e rígida, e só nossa reflexão ao reproduzi-la, com nossos conceitos insuficientemente aguçados, a compõe a partir de elementos fragmentados, mutuamente opostos e mal ligados entre si. Se a estrutura específica dos conceitos se defende assim contra a fragmentação desses elementos e quer colá-los constantemente uns aos outros para construir ao menos uma contra-imagem que coincida simbolicamente com a unidade da experiência vivida, isso deve ser imputado, ao menos em parte, ao fato de a filosofia não levar em conta o problema erótico. À parte algumas menções ocasionais, os debates em *Fedro* e *O banquete* e as reflexões deveras unilaterais de Schopenhauer são tudo o que esses grandes pensadores deram como contribuição ao problema. Por conseguinte, os únicos conceitos utilizáveis permaneceram fossilizados, indiferenciados e não permitem uma verdadeira tomada de posição. Cumpre dizer que, nesse contexto, parece-me ver esboçar-se mais uma vez, no individualismo do amor, uma determinação decisiva deste. Exponho o que entendo por isso servindo-me de dois pares amorosos de Goethe.

O fato de que Fausto e Margarida sejam amplamente considerados como o par erótico ideal prova quão raramente a idéia do amor supera o caráter puramente genérico deste. Sem dúvida nenhuma, a experiência vivida por Fausto é globalmente determinada pela incomparável individualidade de seu *fatum* interno, não sendo o acontecimento exterior, no seio dessa evolução psicometafísica, mais que puro símbolo. Mas precisamente porque tem apenas uma função determinada a cumprir no seio de um imenso desenrolar é que ele é, em si, enquanto acontecimento erótico, de uma essência totalmente não individual. Margarida ama Fausto não como individualidade, mas como Homem inteligente, que simplesmente supera e domina. Temos aí uma dessas relações que se apresentam mil vezes, em que uma moça de nível cultural inferior e de mais nobre disposição natural, cheia de uma nostalgia obscura, talvez até inconsciente, por um mundo superior do qual nenhum raio penetra em seu ambiente, torna-se vítima de um homem que desce até ela, vindo desse mundo superior para satisfazer essa expectativa de maneira inesperada e cegá-la com aqueles sóis a que seus olhos não estão habituados. Toda resistência é tão impossível quanto a das moças da terra a Zeus. É por isso que, não importa a quantidade de moças que tal homem seja capaz de seduzir a seu bel-prazer, o abandono da moça não é aqui em absoluto ligado à individualidade específica desse homem, mas apenas a seu tipo. Margarida não conhece a personalidade particular de Fausto, não tem dela o menor pressentimento e, em todo caso, não é ela que Margarida ama. Quando fala dele em seus monólogos, o faz em termos surpreendentemente individuais: ''que homem!'', diz ela. E se essa imagem genérica é, a seus olhos, digna de toda a intensidade do que ela sente e da colocação de toda a sua existência em jogo isso se baseia no fato de que, para as mulheres em geral, o genérico — a vida sexual em sua globalidade, a relação com o filho, os domínios do agir e do sentir, que são a casa e a família — torna-se facilmente uma experiência de todo individual. Sua maior profundidade de sentimento aparente ou real significa com freqüência que o que o homem apreende como algo geral, típico, é aperfeiçoado por elas num destino puramente individual, no limite da personalidade.

Para o próprio Fausto, essa experiência é uma simples aventura. De acordo com sua natureza, cuja unidade é constituída pela união de dois elementos opostos, a reflexão e certa emotividade, ela adquire decerto profundidade e ele é pego numa cilada; no entanto, tudo continua para ele uma simples aventura. E a esse seu destino de preencher, por assim dizer, uma parte esquematicamente esboçada de seu programa de vida corresponde a maneira assaz superficial com que capta a natureza de Margarida. O comportamento tipicamente masculino que, na relação com a mulher, consiste em só pensar em última instância em si mesmo e não na mulher — ainda que se mate por ela, e em particular nesse caso — tem seguramente aqui a justificação mais profunda de que o vivido não é mais que um símbolo, uma etapa incontornável de sua grande viagem; mas isso não muda nada, e torna simplesmente evidente o fato de que integra Margarida apenas a título genérico na imanência da natureza erótica dele. É o "desejo de seu doce corpo" que o impele em direção a ela, desejo igualmente estranho à individualidade, ainda que a palavra corpo (*Leib*) possa adquirir aqui um significado que supera a simples anatomia. Ele não dá o menor sinal de sentir a profunda especificidade de sua paixão, desse grande *heroísmo* que ela exerce sem muitas palavras nem consciência. Toda a surpresa e o encanto desse erotismo dissimulam bastante mal, finalmente, o fato de que cada um dos dois ama passando ao largo daquilo justamente que o outro tem de mais individual. Eu gostaria de presumir o indemonstrável, a saber, que o próprio Goethe sentiu isso mais tarde e, com a reintrodução de Margarida transfigurada, deu *a posteriori* à relação deles uma profundidade transcendental, legitimando-a, por assim dizer, metafisicamente *per subsequens matrimonium coeleste.* Mas a natureza original de Fausto não se modifica em absoluto; fica, ao contrário, ainda mais acentuada com isso. Pois o que a partir de então é ativo em Margarida é o *eterno* feminino, isto é, simplesmente o feminino, atemporal e supra-individual. Mesmo essa última sublimação da relação, que significa seu derradeiro aprofundamento, não é mais que a tradução metafísica de sua natureza inteiramente genérica — que nem por isso fica absolutamente integrada à vida infra-erótica da espécie, mas revela-se como habitando de pleno direito a região do amor verdadeiro.

Entretanto, com tudo isso, ainda não temos o que se pode chamar de amor absoluto; ele corresponde apenas a essa definição quando tudo o que se refere à espécie — e que não é, de modo algum, o sensual, porque o sensual pode tender, como no amor de Margarida, para um significado espiritual e universalmente humano — foi eliminado, de sorte que o sentimento vai exclusivamente para a personalidade insubstituível. Ora, é justamente aí que está o decisivo para a relação entre Eduardo e Otília, o oposto absoluto de Fausto e Margarida. Para estes últimos, no que diz respeito à natureza de seu amor, é permitido pensar que não são insubstituíveis como pessoas, se bem que Margarida, de acordo com essa individualização da afetividade feminina em tudo o que concerne aos fins da espécie, liga indissoluvelmente sua paixão a esse único representante dos valores individuais fundamentalmente decisivos. Mas em Eduardo e Otília Goethe conseguiu dar a impressão — como em nenhuma outra parte em sua pintura do amor — de que toda possibilidade de substituição acha-se, aqui, excluída *a priori*, no sentido próprio desse termo (isso vale igualmente, é claro, para Carlota e o capitão, como Goethe anuncia, por sua integração sob o mesmo conceito de afinidades eletivas; mas vale em *grau* menor, mostrando, em troca, de maneira assaz interessante, que maneiras de amar absolutamente distantes em sua natureza permitem, cada vez, as dosagens mais diversas). Somente então, a paixão é totalmente determinada pelo *fatum* da individualidade. Com certeza ela pressupõe, segundo a lei da espécie, a divisão dos sexos. Eduardo e Otília devem necessariamente ser homem e mulher. Nesse amor absoluto, a sexualidade é ativa enquanto coloração geral do indivíduo, não como elemento que se abstrai e se autonomiza; nem um nem outro experimentam uma palpitação por ela em sua qualidade puramente genérica. Contra a individualidade absoluta vem se quebrar, no erotismo como em outros aspectos, a continuidade inseparável da vida da espécie. Para Fausto, Margarida é, em primeiro lugar, simplesmente uma moça, um exemplar de toda mulher, pois ele está destinado a ver Helena em cada uma; ademais, ela é dotada a tal ponto das qualidades da moça, que o limiar da excitação erótica é ultrapassado: *genus plus differencia specifica.* A paixão de Eduardo, por sua vez, é pela individualidade absoluta de Otília, que é decerto totalmente feminina, mas em quem essa linha de separação ideal é inteiramente apagada, de sorte que se torna impossível dirigir essa paixão — por exemplo, na base genérica — para outra individualidade específica. Eles se amam unicamente porque está escrito nas estrelas, enquanto Fausto e Margarida só se amam porque se encontraram. Nada simboliza melhor a diferença do que esses pressentimentos do além, que concluem cada um desses destinos. Margarida é *una poenitentiana*, uma irradiação desse eterno feminino que age aqui, o símbolo de um mistério absolutamente supra-individual. Para Eduardo e Otília, é o "amável instante em que despertarão um dia de novo juntos" que os espera. Todo porvir eterno se limita a eles dois e à sua ''vida juntos'', sem que apareça um ''ao lado'' ou um ''acima'' cuja irradiação celeste atenuaria os contornos de suas individualidades absolutas.

Assim, penso poder chamar de amor absoluto aquele em que a desconexão de tudo o que depende da espécie e a exclusão *a priori* de toda substitutibilidade do indivíduo não são senão duas expressões do mesmo comportamento. O puro conceito do amor, o movimento que leva um sujeito ao outro, destacado de tudo o que é vida da espécie e que permanece, enquanto sentimento absolutamente individual, inteiramente dentro do sujeito, encontra aqui uma realização como é raro se ver, sem nenhuma regressão. É por isso que eu só podia qualificar de *a priori* a segurança com a qual ele torna qualquer troca impossível. Não se deveria confundir esse amor absoluto com o caso em que, *depois* de a escolha ter sido efetuada e de a possibilidade de relação com o sexo inteiro ter-se reduzido a um só e único indivíduo, não é mais possível tratar-se de outro. Aqui, a exclusividade é *a posteriori*, vale para o futuro, enquanto lá ela é idealmente válida também para o passado. Há amores maravilhosos, que possuem plenamente o aspecto fenomenal do amor absoluto, mas que só têm isso de empírico e estão para o absoluto assim como o infinito do tempo está para o atemporal, coisas que tampouco quase não se distinguem na prática.

Assim como o amor de Eduardo e Otília pressupõe a diferença dos sexos — que, por certo, não é mais que a coloração geral da individualidade em sua totalidade, do único sujeito/objeto desse amor e só constitui em si um elemento específico para uma abstração *a pos-*

teriori, irreal —, assim também o amor mais autêntico não se defende, em absoluto, inclusive em sua progressão para o absoluto, contra a sensualidade que bate à porta e suas conseqüências para a conservação da espécie, como tampouco se defende contra um destino que se prende à personalidade central. Só que, de acordo com seu próprio sentido, ele se comporta para com a vida da espécie e suas finalidades, que são realidades objetivas, exatamente como em relação a algo estranho e indiferente. Evoquei o trágico, sentido, em compensação, como revolta da sua gênese incontestavelmente ligada à espécie; talvez se trate inclusive, não só da gênese, mas também do *fundamento* permanente do erotismo. De fato, a contradição pela qual tentei definir seu ser só apresenta esse radicalismo no princípio ou na idéia; mas um corte histórico único desse tipo nunca existiu, nem na realidade filogenética, nem na ontogenética. Resta em aberto a questão de saber se ela se produz real e absolutamente no mundo fenomenal. Nesse domínio da vida, é muito mais de acordo com uma progressão contínua que se eleva o verdadeiro amor transvital, a partir da vida da espécie e da vida conforme à espécie, sob forma mais ou menos fragmentária ou acabada, ora como simples nostalgia, ora como um arroubo que logo se arrefece, ora num compromisso ou numa mistura relativamente estável do biológico com o puramente erótico, ora numa alternância inquieta dos elementos dominantes.

Em todo caso, assim que sobrevém entre eles, essa contradição também significa, além desse lado trágico, um perigo bem real para a vida da espécie. De fato, o desenvolvimento crescente do erotismo favorece o investimento e a exigência do puro indivíduo, isto é, do sujeito central ou total, e enquanto isso, como dissemos, as determinações biologicamente conformes à espécie não são decerto descartadas, mas, para um estudo que isole seu objeto, não são agora mais que um fator entre tantos outros que parecem sintetizar uma individualidade; dentre estes, os que permanecem afastados dos interesses imediatos da vida ou da espécie — de maneira bem compreensível, ainda que passageiramente — são, da maneira mais consciente, os mais marcantes. Mas isso pode ter conseqüências incômodas para a manutenção da espécie. Enquanto o interesse desta dominar o ser, se não a consciência dos humanos, podemos considerar o amor, pelo menos o amor da mulher, como o instinto ou o porta-bandeira do instinto para o pai do melhor filho possível. É essa a justificação biológica do casamento por amor. Não há necessidade dela, na medida em que o material humano é supostamente pouco diferenciado. No seio deste, saber que casal se forma é deveras indiferente para a qualidade da descendência. O interesse por essa qualidade só entra visivelmente na prática onde as personalidades são bastante individualizadas e onde, por conseguinte, a escolha do cônjuge pode, desse ponto de vista, revelar-se absolutamente justa ou falsa. Suponhamos agora que uma instituição autoritária permita a reunião dos exemplares mais aptos de cada — seríamos, então, notoriamente incapazes de detectar de maneira segura essa aptidão, por se tratar de seres altamente diferenciados e altamente complexos, coisa para a qual, na criação do animal, o olhar do entendido é mais que suficiente. Em vez de um saber devidamente fundado, a finalidade da espécie dispõe aqui apenas do instinto, no qual ela se fia e ao qual confia a escolha do parceiro biologicamente apto, sob a forma consciente de uma inclinação erótica individual. A crença popular numa perfeição específica dos "filhos do amor" só pode ter o seguinte fundamento: o amor nasce justamente onde as individualidades parentais são destinadas a gerar juntas o melhor filho. Nossa argumentação, segundo a qual o amor enquanto tal desprende-se da corrente vital da finalidade da espécie, para constituir um ser-assim do sujeito, autocentrado, não está, em si e por si, em contradição com isso. Pois a gênese do amor estava nessa corrente, que ele não fez mais que transcender para ganhar seu ser-si; e ele carrega simplesmente consigo, para lá desse limiar, conteúdos e colorações, pulsões e valores que cresceram em sua forma vital e renascem agora, mas numa nova tonalidade e centralidade, como a visão da natureza na obra de arte. Mas essa centralidade subjetiva traz precisamente em si, para a finalidade da espécie salva de passagem, a ameaça de um desvio, na medida em que o amor também extrai seu sentido do universo global da personalidade, tornando-se este, de um lado, mais rico em elementos diversos, de outro, mais individualizado e, por assim dizer, mais voluntário. Porque, a partir de então, o novo, o verdadeiro amor se nutre igualmente de todos os elementos fora dos que são vitais para a espécie, e esses outros elementos podem muito bem se tornar mais fortes, tanto em sua direção quanto em seu caráter. A realidade empírica parece prová-lo. Pelo menos nas camadas elevadas de nossa sociedade, observa-se que o amor das mulheres, e em menor grau o dos homens, se prende cada vez mais, por certo ainda não de maneira constante, às qualidades *espirituais* do parceiro, e que ele é cada vez menos solidário do instinto para sua competência biológica. Discretamente iniciada, mil vezes contrariada e suspensa, é esta uma das mais formidáveis transformações introduzida por essa evolução; seu avanço priva-nos do único indicador para a justeza biológica das procriações, o casamento por amor perde seu valor biológico! Essa contradição vital permitiria, em suma, que o trágico da realidade erótica tomasse corpo. A autonomização do amor em relação à vida que o gerou para seus próprios "fins", sua concentração na imanência de seu suporte, sua extensão às energias suprabiológicas deste, o absoluto que ele se torna pela não-permutabilidade da sua individualidade, tudo isso, a princípio, simplesmente se aliou à *indiferença* do amor para com as finalidades da espécie. Isso confirma a fórmula da vida: promover o que a transcende segundo sua absoluta realidade específica e suas próprias leis, de acordo com a lei que leva essa vida não só mais adiante em seu próprio nível, mas também até a dimensão superior. No entanto, a pura indiferença corre o risco de evoluir para hostilidade positiva; essas destinações do amor parecem tirar-lhe pouco a pouco a significação e a gratificação de seu retorno à vida a partir de sua autonomia transvital. Se essa evolução continuasse a se consumar, ficaria cada vez mais claro que o destino da vida é cortar as ligações anteriores que estabeleceu para seus caminhos, e reconhecer esse corte como sua necessidade mais íntima, como a realização última de sua lei de autotranscendência.

Digressão sobre o eros platônico e o eros moderno

O único grande filósofo que se colocou a questão da significação psíquica do erotismo no plano destinal e metafísico e que deu uma resposta tirada das maiores profundezas foi Platão. De fato, Schopenhauer, o único que se possa citar a seu lado, não se interrogou verdadeiramente sobre a essência do amor, mas sobre a da sexualidade. Platão, por sua vez, viu no amor uma força vital absoluta, e compreendeu que um caminho do conhecimento deveria passar portanto através dele para levar às últimas potências ideais e metafísicas. Por certo, os meandros e pontos de chegada desse caminho são diferentes daqueles por que passa o homem moderno, ainda que seu ponto de partida, o dado subjetivo imediato do sentimento amoroso, não tenha conhecido a mesma transformação. Sua interpretação filosófica esboça, de maneira tanto mais nítida, a diferença entre as intenções últimas do espírito grego, que culmina em Platão, e as prescritas pela lei do espírito moderno.

Para o grego, sua representação do mundo é conforme à idéia do *ser*, do cosmos real unitário, cuja forma plástica fechada em si venerava como divina. Mesmo quando seu pensamento o conduzia para os princípios universais do movimento e da relatividade do dualismo, era sempre o ser sólido, onienvolvente, autosuficiente, intuitivo, que determinava a forma e o desejo últimos de sua modelação espiritual do mundo. Desde que o cristianismo aumentou infinitamente o significado da alma humana e reuniu todos os valores existenciais na pessoa de um Deus único em face do mundo, desde então rompeu-se o sólido fechamento do universo, que era precioso e divino em cada uma de suas partes, pelo simples fato de seu ser-aí. O ser-aí está tensionado entre dois pólos, a alma e Deus, ou, melhor dizendo, absorvido neles; bastou que a representação divina perdesse, no decorrer dos séculos, sua força original, para que a alma permanecesse, por assim dizer, só; isso vai encontrar, em seguida, sua expressão mais pura no idealismo moderno, para quem o mundo só existe como representação no seio de uma consciência que o designa. O fato de a alma possuir, assim, uma produtividade original está bem distante da consciência teórica do *grego*, por mais infinitamente produtiva que tenha sido sua realidade. Ademais, esse pensamento era demasiado preso ao ser vivo do *cosmos*, em cuja unidade a alma crescia, e os gregos viviam de maneira demasiado incondicional da solidez intuitiva do objeto para conceder ao sujeito uma criatividade independente. Esta é a camada inferior dos traços característicos a partir dos quais se desenvolve a especificidade da ética platônica, em oposição à ética moderna.

Portanto, se a beleza de um ser humano — e isso é óbvio para Platão — incita-nos a amar, a amar primeiro sua beleza física, mas depois, como concedemos mais timidamente, sua beleza moral, é porque ele evoca em nós a lembrança da idéia de beleza, outrora contemplada, da imagem original do belo em geral, da qual trazemos dentro de nós, neste mundo, uma eterna saudade, devida à nossa vida anterior. A beleza, de todas as idéias a única visível, faz a idéia passar ao terrestre; o amor, pelo mesmo caminho, faz o terrestre ascender à idéia. Encontram-se aqui reunidos como num ponto focal todos os traços que pareciam constituir para nós a espiritualidade platônica.

Há, em primeiro lugar, o olhar que se dirige para a substância sólida, escultural. Para nós, a beleza é uma qualidade do ser humano, uma relação entre as partes de sua imagem, talvez uma repercussão simbólica de sua vida íntima, ou mesmo a reação que suscita na consciência daquele que o contempla. Para Platão, a beleza deve, por sua vez, ser *objeto*, deve poder ser contemplada como uma substância para ter realidade e significação universal. E, como ela não existe assim no ser empírico, é preciso que a alma tenha sido contemplada *antes*, numa existência própria, igualmente plástica e apreensível; o belo ser humano não é mais que a mediação empiricamente necessária para despertar a lembrança dela. O *dinamismo* vital do sentimento moderno da existência, o fato de que ele se apresenta a nós como uma espécie de *animação* (apesar de toda a sua constância e de sua fidelidade, ele é absorvido no fluxo contínuo e deve seguir esse ritmo que renasce sem cesssar), está em contradição com o sentido dos gregos, orientado para a substância e a perenidade de seus contornos.

Em visível correlação com a diferença que acabamos de ressaltar entre o pensamento grego e o pensamento moderno, está o fato de que o primeiro possui uma consciência bem menor da produtividade da alma. De fato, a alma, como a concebemos, significa exercício contínuo da criatividade. O grego, a despeito de todo o seu poder espiritual e de sua autonomia efetivos, sempre deve, por assim dizer, *ater-se* a alguma coisa. O conteúdo da alma se apresenta ao grego como tirado de um ser-aí, não como gerado pela alma em sua criatividade autônoma. Assim, o amor não é, para ele, um ato livre da alma, ao qual ela é sem dúvida estimulada do exterior, mas que nasceria, sem cálculo nem coerção possíveis, simplesmente do mais íntimo de sua disposição e de sua força; ao contrário, o amor é uma espécie de necessidade lógica, imposta por essa contemplação da beleza pura, assim que seu ser-dado anterior ressurge à visão de uma imagem terrestre. Por isso é sempre a simples visão da beleza que gera o amor, e o grego não percebe o significativo caso *inverso*, em que o mistério do amor é apreendido num nível bem mais profundo, a saber: achamos belo o ser que amamos, o que seguramente só pode ser pensável graças a uma espontaneidade, uma vida criadora autônoma do afeto amoroso.

Toda a violência da paixão amorosa, no quadro que Platão pinta, tende para a impessoalidade da idéia. Como se essa menção de uma racionalidade suprema da idéia, que é o oposto de nossos próprios conceitos racionais, mas se nos torna acessível por eles, devesse justificar o irracional da paixão. O que é decisivo e diferente do sentir moderno é que a irradiação erótica não faz mais que atravessar o indivíduo amado, estando seu ponto focal situado acima dele. Enquanto para nós o amor não é mais que mediador entre dois seres humanos, Platão, nesse caso, desloca precisamente o fator da mediação, fazendo-o passar desses seres à sua relação com o *supra-individual.* O fim último é a contemplação da própria beleza, o amor não é mais que o servidor, o συνεργός. Assim, Platão pode continuar a ensinar que a natureza erótica consumada não se detém em nenhuma beleza individual, mas reconhece na primeira pessoa a mesma beleza que na segunda e em todas as outras, e que, por conseguinte, seria servil e insensato ligar esse sentimento à beleza de um só ser. Ele verterá seu amor no "oceano da beleza". Está portanto bem distante dele aquilo que nos parece a altura definitiva do amor: o fato de que ele vale justamente apenas por esse ser impermutável, bem como o fato de que, onde ele se inflama diante de uma beleza exterior, o faz apenas diante de sua modelagem individual, e nesse caso toda outra beleza objetivamente de mesma grandeza não seria capaz de nos alcançar no plano erótico. Para nós, a *beleza* da individualidade e a *individualidade* da beleza constituem uma unidade ativa indissociável, e o que nos separa mais profundamente de Platão é que, para ele, individualidade e beleza são dissociáveis, realizando o amor precisamente o corte que as separa: ele se apodera da beleza e deixa a individualidade de fora.

Essa negatividade da individualidade é o que distingue definitivamente o erotismo platônico do erotismo moderno. Todos os grandes motivos que assumem como base a teoria platônica do amor levam a essa negatividade, todas as determinações que dão sua coloração a essa mesma teoria decorrem dela. Entre elas, em primeiro lugar, eis o que mais nos surpreende: para determinado amor, a reciprocidade não é, em absoluto, um elemento determinante, intimamente essencial. A idéia, à qual o amor na realidade se dirige, não ama em troca, o mesmo se dando com seu representante terrestre, diante do qual o amor fez sua primeira escala. A relação de valor que se constrói a partir do amor e do amor correspondido não é levada em conta por Platão. O eros grego é um querer ter, por certo igualmente no sentido nobre de ter no ser amado um continente para um ensino ideal e uma aculturação que eleve moralmente. Assim, o amor pode ser, para ele, o estado intermediário entre o ter e o não-ter; logicamente, portanto, ele deveria se extinguir com o ter. Mas se quiséssemos dar à sua fixação do amor antes do ter a interpretação de que, para ele, o "ter" aparecia como objetivo inacessível, situado no infinito, estaríamos errados. Já que para o amor moderno o objetivo verdadeiro é o amor correspondido, sendo tudo o que segue secundário e acidental, ele compreendeu — é a conseqüência desse conhecimento — que há, no outro, algo impossível de se conquistar, que o absoluto do eu individual ergue uma muralha entre um ser e o outro, muralha que mesmo a mais apaixonada vontade dos dois conjugados não seria capaz de demolir, e que faz de todo "ter" real que queira ser mais que a realidade e a consciência de ser-amado-de-volta uma ilusão.

Enfim, a indiferença particular entre o eu e o que o supera se manifesta de maneira inegável na interpretação platônica do amor sob forma de desejo de imortalidade. É a aspiração do ser humano em sua maturidade a procriar — um ato divino pelo qual o mortal obtém para si imortalidade. Nosso amor por nossos filhos não seria nada mais que esse desejo apaixonado de durar além da morte. Nada mais que isso, portanto: a "educação" do jovem amado, pela qual nós o modelamos para elevá-lo a um ser superior, que é desde então, no sentido mais profundo, a descendência que produzimos nele, o prolongamento de nossa própria existência, ou ainda nossa própria maturidade continuando a gerar. Se Platão justifica antes a veneração amorosa do belo fazendo-a estender-se a uma das dimensões eternas, à idéia atemporal da beleza — ela se estende aqui à outra dimensão, à continuação de sua própria vida na lembrança e à evolução superior dos humanos. O caráter depurado, algo abstrato, da justificação anterior é bruscamente irrigado aqui por uma corrente da vida mais pessoal. Desde então, em vez de nos abandonarmos quando o amor ao belo nos arrebata, levamo-nos conosco além do limiar de nossa vida limitada no tempo. Mas em lugar algum ele reconhece o amor a um indivíduo como um fenômeno primitivo; esse afeto tampouco se detém no indivíduo cuja beleza o inflamou. Porque, enquanto o primeiro apenas mostrava a direção a que tende nossa aspiração última, ele é aqui o continente em que se reúne o melhor de nossas forças para frutificar e tomar o caminho da eternidade.

Muito se falou da mística inerente às visões platônicas do erotismo. Todavia o mais profundo mistério de *nossa* imagem do mundo, a individualidade — essa unidade que não se deixa nem analisar, nem deduzir de nenhuma outra coisa, nem subsumir sob um conceito superior, introduzida num mundo sob outros aspectos desmontável e calculável ao infinito, respondendo a leis universais — essa individualidade é tida por nós como o verdadeiro ponto focal do amor, que se acha implicado por ela no mais obscuro problematismo de nosso conceito do mundo. E é justamente ela que Platão omite. Como, para seu pensamento racional, a individualidade aparecia como algo não-substancial, demasiado volátil, e todos os acontecimentos íntimos que se relacionam a ela como um arbitrário pairando livremente, ele pensava só poder retribuir o amor por um total abandono dessa esfera, por aquilo que, *para nós*, aparece precisamente como uma *volatilização* do amor no universal. No entanto, tampouco nos tornamos infiéis ao que, em última instância, funda seu instinto. O que o conceito moderno do amor, arraigado na individualidade concreta, herdou de Platão foi o sentimento de que, no amor, vive algo misterioso, para lá da simples relação afetiva. Nós também sentimos no amor uma significação metafísica, de algum modo atemporal; só que não podemos tomar nosso partido, à maneira simples do pensamento plástico-substancialista do grego, localizando-o além do vivido imediato. Aqui também se anuncia muito mais o grande problema do espírito moderno, a saber: tudo o que, por seu próprio sentido, vai além dos dados dos fenômenos vitais deve encontrar um lugar em seu próprio interior, em vez de se transportar para um exterior igualmente espacial. Não se trata de *síntese* do finito e do infinito, mas de unidade natural da vida. A vida desvela o que é mais que a vida. Nesse caráter supraindividual havia — não o desconhecemos — um valor, uma libertação, um ponto de apoio, a que não renunciamos. Do mesmo modo que em moral temos como idéia de uma "lei individual" essa severa normatização do comportamento individual que no entanto não podemos encerrar mais num imperativo universal abstrato, também deve haver algo como uma lei individual do erotismo; uma relação sem igual entre indivíduos não iguais comporta uma significação inteiramente limitada a essa relação, mas que supera sua fenomenalidade superficial — dominada ou justificada não por uma idéia geral da beleza, do valor, do que é digno de amor, mas justamente pela simples idéia dessas existências individuais e de sua consumação.

Ressaltei a que ponto o conceito de amor engloba, em sua amplitude, o de relação do eu com o universo. A essência do erotismo, inclusive em seu sentido específico, se aclara pela existência de sentimentos que têm o nome de amor, sem que isso se deva ao acaso de um mal-entendido ou de um abuso, e se estendendo a inúmeros domínios situados além de toda sexualidade. A idéia de que o amor, gerado decerto pela vida generativa, eleva-se porém, no momento de se tornar puramente ele mesmo, a uma nova categoria indiferente a essa vida é ainda mais convincente se ele se encontrar nessa categoria com outros amores, de outro conteúdo, outra origem. E essa convicção não será diminuída, mas fortalecida, se a evolução *formal* apresentar um paralelismo com a evolução sexual. Também aí, inúmeros casos nos permitem observar que causalidades e finalidades da vida primária — biológica, egoística, sócio-religiosamente determinada — geram relações afetivas de natureza amorosa que, no entanto, não permanecem prisioneiras da corrente dessa vida, mas se elevam nesse reino transvital que podemos chamar de reino ideal, no sentido lato, não teórico. Essa elevação se aparenta ao seguinte: o acontecimento, partindo de uma implicação finalística numa ação de certa forma exterior, logo relaciona-se com essa íntima centralidade do sujeito, a única a merecer com propriedade o nome de amor. Dois grupos de fenômenos são, aqui, da maior importância, que eu designo, de acordo com suas culminâncias mais visíveis, como amor humano universal e amor cristão.

O que, de maneira típica, é imaginado como amor humano universal é determinado pelo seguinte: o sentimento de amor não se dirige mais ao indivíduo por sua maneira de ser individual. Claro, enquanto erotismo, ele nunca se liga a determinada qualidade particular do amado; é porém uma qualidade desse gênero que constitui a mediação consciente que faz a ponte com a imagem global do ser humano, objeto propriamente dito do erotismo, subtraindo-se a toda fixação em qualidades designáveis. Mas é precisamente recusando-se a basear-se nestas que o individualismo do amor se manifesta. De fato, toda "qualidade" é algo universal, pode se prender a qualquer número de sujeitos; e é apenas além de todas as qualidades, numa ligação destas entre si que não é dada com elas, que se situa essa imagem global verdadeiramente individual, indissociavelmente unitária, a que se dirige o amor. Ora, trata-se aqui de um amor que não se detém nessa unicidade individual e que, de outro lado, deriva sua orientação do fato de ele valer para tudo o que tem aspecto humano. Ele é diverso do eros cósmico, do panteísmo amoroso, ou do amor universal que se difunde a partir de um sujeito em massa compacta através do mundo, porque, aqui, o *a priori* é a *vida* da personalidade, e esse amor é, portanto, tão contínuo quanto essa própria vida; esse amor dirige-se a Deus e à minhoca, à estrela e à planta, a todo o real, simplesmente porque é real, isto é, precisamente, objeto desse sujeito. Incansável, ele se exterioriza, seja na atmosfera de um terno lirismo universal, seja num abandono religioso a todas as coisas, porque elas vêm de Deus ou da natureza, seja ainda numa lógica propriamente racional, que é mais pensamento e exigência do que sentimento vivido — e faz naturalmente os homens entrarem em seu domínio ilimitado. No entanto, o "amor humano universal" é de essência diferente, não é uma parte de um amor mais vasto, absoluto, apenas realiza a relação específica entre os humanos como tais, e esta não se efetua sem certa exclusividade que coloca seus atores bem longe do amor panteísta. Parece indubitável que o amor humano universal é, regra geral, precisamente como afeto amoroso, algo gélido, com um pouco desse caráter abstrato próprio de todos os universalismos que o século XVIII erigiu em conceitos axiológicos: o dos Direitos universais do Homem, da lei moral universal na ética kantiana, da idéia de religião humana universal no deísmo. Sob essa forma, o amor huma o universal equivale, na verdade a esse *abstractum* que é o homem em geral e, tomando esse desvio para se dirigir ao indivíduo concreto, com freqüência já perdeu tanto calor que significa pouco mais que uma limitação ao *homo homini lupus*. No entanto, há nisso, inclusive sob essa forma atenuada, uma manifestação de amor verdadeiro que, como o grande erotismo, subtraiu-se ao puro contexto vital original.

Para mim, não há dúvida de que o amor humano universal tem seu fundamento ou sua prefiguração nessas disposições amigáveis, com freqüência já repletas de amor, que nascem inevitavelmente no seio das relações prático-sociais, estreitas ou amplas. Inevitavelmente porque tal coesão não poderia ser mantida em vida e em função por nenhuma espécie de consideração utilitária, de coerção exterior ou de regra moral, se aos vínculos relacionais tecidos por essas forças racionais não viessem mesclar-se também sentimentos sociais, a saber, querer-se mutuamente bem e ligar-se *de bom grado*. Se, de fato, o *homo homini lupus* fosse a regra — o que não se poderia excluir por otimismo e benevolência moral —, ninguém simplesmente suportaria psiquicamente viver em contato estreito e duradouro com homens em relação aos quais se disporia dessa maneira. Do mesmo modo que o direito sozinho, por mais específica e rigorosa que seja sua aplicação, nunca seria capaz de manter a coesão de uma sociedade sem o complemento de atos morais voluntários inspirados pela bondade e a decência, o espírito de conciliação e a boa vontade, também essas virtudes inacessíveis, aliadas ao direito, nem sempre dariam uma sociedade viável, se não fossem secundadas por inclinações afetivas, por um clima de amor e de amabilidade, sem o qual a promiscuidade e a estreiteza sociológicas, os contatos mútuos constantes seriam algo totalmente insuportável. Os sentimentos de amizade entre vizinhos, por menos ilusões que se deva ter quanto à sua confiabilidade, extensão e profundidade, constituem, para cada grupo, um cimento indispensável, menos talvez no sentido de um aglutinante positivo do que na medida em que, sem eles, certas condições de vida em sociedade, notadamente para personalidades já diferenciadas, tornar-se-iam necessariamente um inferno. De fato, disposições amáveis e cordiais entre os humanos que se desenvolvem numa relação num espaço restrito não são em geral a causa dessa relação; ao contrário, é dessa relação, estabelecida por razões quaisquer, que vai nascer semelhante disposição. Mas não, como diz essa banalidade inexplicável, do "costume" de viver juntos; muito pelo contrário, nunca se alcançaria essa coabitação duradoura e, justamente, esse costume, se essa disposição apaziguadora não se formasse relativamente depressa entre as partes, espécie de medida de proteção orgânica contra as dificuldades e os atritos da vida em comum, no próprio seio desta. Portanto, se as formas e as linhas de força das sociedades nascem absolutamente como necessidades de um processo de vida finalístico, esses sentimentos de amor ou semelhantes ao amor decorrem então da mesma gênese de teleologia social. Eles são tecidos na práxis da vida social, como as pulsões sexuais o são na práxis da vida sexual. E do mesmo modo que esse último afeto, por uma inversão completa do sentido, dá nascimento ao amor autêntico também parece que o amor universal se deve a esses sentimentos vitais para a sociedade, não, é claro, num paralelismo mecânico com o fenômeno erótico-individual, mas levando em conta modalidades e atenuações decisivas, segundo o mesmo modelo fundamental. Seria cair na psicologia associativa mais banal interpretar o amor humano universal como uma simples ampliação progressiva desses elementos da vida social. Em sua figura mais pura, ele cortou os vínculos com toda espécie de teleologia, é elã interno do sentimento, estranho à prática, que pode, é claro, ser reconduzido a uma relação com a vida e se exteriorizar em ações; é disposição imanente do sujeito, não em relação a outro sujeito determinado ou muitos outros, mas em relação ao gênero humano em geral, onde quer que ele se realize no indivíduo[3]. Existe uma função psíquica formativa, localizada no mais profundo, que podemos designar apenas como abstração, concentração ou canalização de uma energia da consciência para certos elementos de seu objeto respectivo, os outros decerto constituindo com estes uma unidade *fatual*, mas sem serem tocados agora pela irradiação da consciência; e o fato de não serem notados não se deve a uma contingência, mas a uma afinidade exclusiva da energia psíquica com os primeiros, permitindo-lhe formar a partir deles uma nova unidade fatual, que representa a partir de então a totalidade do objeto. Essa função pode ser ativa em todos os registros possíveis da intelectualidade, como os da exaltação religiosa, da afetividade ou da força criadora. Ocasionalmente, ela também pode apresentar, no interior do sentimento de que falamos aqui, um traço intelectualista, mas isso é uma ênfase e uma inautenticidade do sentimento em sua pureza — ele é, sob essa forma abstrata, uma produção totalmente *sui generis*. O que indica da maneira mais clara sua liberdade em relação aos encadeamentos prático-vitais e sua natureza de puro estado do sujeito é que ele não é dirigido para indivíduos particulares, mas para todos os indivíduos. Provavelmente, sem a sociabilidade e sua condicionalidade afetiva, não teria aparecido mais que o erotismo sem a sexualidade. Esse sentimento, que já se tornou supra-singular no seio da vida social, penetra agora totalmente no sujeito e brota dele como de uma fonte primordial, enquanto em sua prefiguração não era mais que uma onda feita pelo rio vital da sociedade em sua continuidade e reabsorvida nele. Essa metamorfose numa disposição do sujeito, completamente difusa no seio deste, e portanto à espera de uma atividade ilimitada, essa metamorfose sem dúvida só se produz rara e tardiamente a partir dessas prefigurações sociais, mas isso não é uma prova contra essa correlação, como tampouco depõe contra nossa interpretação do amor o fato de ele também alcançar, tardiamente talvez, raramente em todo caso, a pura conquista de si mesmo a partir de sua prefiguração vital-sexual. Por mais insípido e sem cor que esse amor por todos os homens em geral, comparado ao erotismo, possa parecer, ele também vive da mesma conversão fundamental: suas prefigurações sociais são servas, são simples meios, diante da centralidade da vida sociológica; onde, em contrapartida, prende-se autenticamente ao sentimento, ao ser, o amor humano universal reside no centro do sujeito, valor autoportado, auto-suficiente, não dependendo de nenhum objetivo do qual decorreria, mas difundindo constantemente em torno de si um suave brilho e um calor que emanam apenas dele.

O que dá ao sentimento de amor humano universal esse caráter abstrato é o descarte das diferenças individuais de seus objetos. Embora visivelmente isso já se produza em certa medida no caso do amor social, o amor humano universal é o prolongamento incondicional deste; por aí ele consegue que o afeto se retire de todo vínculo com a vida, não encontre mais seu ponto de partida em realidades individuais, mas se mova nessa unidade específica da centralidade subjetiva e da idéia, que constituía igualmente a essência do amor propriamente erótico e agora se projeta para o exterior, na "universalidade", na não-diferenciação de seus objetos.

Comparado com essa essência abstratizante do amor humano universal, o que chamamos de amor cristão constitui um fenômeno aparentado, mas ao mesmo tempo resolutamente diferente. Com ele, o ser particular não é amado pelo que tem de comum com todos os outros, portanto por deixar de lado o que tem de específico e de pessoal, ou de só o incluir a fim de permanecer em união pessoal com seu caráter universal. O amor cristão compreende justamente o ser humano *inteiro*. Embora dirigindo-se a cada homem em geral, tem por especificidade ser absolutamente indiferente ao fato de que determinado homem tem algo em comum com determinado outro; ele o ama justamente tal como é, da periferia até o centro. O mais característico é, talvez, que o amor humano universal ame igualmente o pecador, mas, para dizer a verdade, apesar de ser um pecador e apenas porque, afinal de contas, também é um ser humano. Já o amor cristão envolve precisamente o pecador de um amor que, se não é maior do que o amor ao ser normal, não tem, em todo caso, esse "apesar". O incomparável nesse amor que devemos chamar de cristão em virtude de sua situação histórica — embora essa estrutura determinante, que é a sua, resulte mais da interpretação de certas declarações de Jesus e da psicologia de sua práxis do que de referências dogmáticas ou literárias —, o incomparável portanto está nessa relação com o princípio de individualidade: ele vale para o particular *como se* valesse para a totalidade de sua natureza pessoal, ele se abisma em si no que respeita a esse ser particular, ao passo que sua individualidade, comparável ou incomparável, não é porém nem um pouco o que o motiva. Característico dessa estrutura é mostrar a insuficiência da alternativa entre individualidade e universalidade como motivo determinante. Trata-se de uma disposição fundamental a abraçar *todas* as individualidades, sem ser, porém, guiado pelo conceito da universalidade. A coisa só se produz quando o amor cristão se limita ao correligionário. Mas isso não me parece corresponder a seu sentido mais profundo. Quando São Francisco ama até os pássaros e os peixes, temos decerto um impulso da sua natureza puramente amante, obrigada a amar, mas na direção dada com a disposição cristã e sem superar sua energia habitual senão pelo grau ou pela extensão. O decisivo no cristianismo é, precisamente, o fato de que ele define *a priori* a alma como amante, de modo que ela deve tudo amar, mesmo se sua dinâmica também nesse caso não vai de ordinário além do todo humano.

Seguramente, ninguém pode, a partir do cristianismo, tornar-se uma natureza erótica, se já não o for por si mesmo. Resta a diferença de que, na natureza erótica, no ser humano cuja essência original é o amor, esse amor segue o ritmo e as flutuações do processo vital; portanto, ao se estender continuamente e ao possuir esse poder determinante para todas as relações possíveis a outros humanos, ele não implica, fundamentalmente, a *uniformidade* dessas relações, um modo de sentir que seja, de saída, invulnerável à influência da natureza individual. A própria natureza erótica, no sentido mais acabado — por se tratar nela justamente de uma vida conforme à intenção, só obedecendo a si mesma e só se determinando do interior —, apresenta essas diferenças de tônica, esses altos e baixos, esse supramecânico e, em certo sentido, esse arbitrário que constituem a essência da vida enquanto tal, diante de todas as determinações que pode receber do exterior, de todas as forças que, por menos que sejam elas mesmas conceitos, podem se exprimir enquanto conceitos, enquanto unidades existentes por si mesmas. Onde a vida deriva de uma delas, seus momentos podem adquirir certa uniformidade, comparada com a qual sua capacidade natural de se modelar se torna contingente, uma legalidade, decerto, mas sem regularidade. Assim se aclara a essência particular do amor cristão em relação às duas outras formas de amor que se estendem fundamentalmente também a tudo o que tem aspecto humano: o amor humano universal, que, ao contrário do amor cristão, abraça apenas o típico do humano enquanto humano e deixa de fora a totalidade da pessoa diferencial ou, pelo menos, só a inclui por esse artifício; e a natureza erótica, decerto completamente indiferente a uma universalidade desse gênero e atraindo completamente, como a cristã, a individualidade para a sua esfera, mas com multiplicidades de acentos e de intensidade. De fato, ela tem sua origem direta na vida primária, de natureza já individual, cujo curso rítmico e arrítmico acompanha, enquanto o amor cristão é dominado por uma idéia que transcende a vida: pela filiação divina comum, ou pelos mandamentos de Jesus, ou pelo amor a Deus, de que é a acidência ou a representação. É por isso que, em virtude de seu princípio, ele não pode fazer entre os homens a diferença que a vida faz, pode se apegar às individualidades humanas em sua plenitude específica mas sem fundar no que as diferencia um comportamento amoroso diferente.

Essa não-diferenciação específica do amor cristão é sustentada ainda de dois outros lados. Ela se liga ao valor absoluto da alma humana. Sei muito bem que se podem fazer objeções a essa interpretação absolutista da "igualdade diante de Deus". Nem Jesus, nem as autoridades cristãs ignoram as diferenças entre as almas de um ponto de vista ético dos valores; a igualdade de seu valor metafísico é diretamente desmentida pela doutrina da graça e, até na felicidade eterna, a hierarquia, dos maiores santos aos menores, suprime totalmente o absoluto desse valor, que não admitiria tal relatividade. No entanto, estou convencido de que todas essas diferenças não vão ao fundo das coisas, mas se edificam sobre a suposição de um valor absoluto. A graça significa precisamente a indiferença ante *todo* valor próprio do ser humano, coloca o arbitrário divino, dispensador de valor, acima de todo valor relativo ou absoluto, e é portanto aqui excluída de saída como argumento decisivo. Um argumento positivo agora: os castigos *eternos* do inferno — é de imediato evidente — só se podem fundar, do ponto de vista da moral religiosa, sobre a negação ou a perversão de um valor *absoluto*. E não vejo por que este último não deveria mostrar-se em seres diferentes em graus diferentes, porque, senão, a intensidade diferente dos castigos infernais na igualdade absoluta de sua extensão seria incompreensível. Ainda que o ouro fosse tido como valor econômico absoluto, existem peças de ouro maiores ou menores, de liga mais ou menos forte, cada uma delas agindo como *quantum* unitário de valor mas deixando graduar diversamente seu valor absoluto, do mesmo modo que o valor absoluto da alma é graduado nos degraus do paraíso. Tampouco é pensável que Deus tenha ordenado o amor a *todos* os humanos, se a gradação axiológica que vai do mais alto nível positivo ao mais baixo nível negativo não deixasse intacto um núcleo absoluto de valor presente *por toda parte*. E a simples *possibilidade* de se elevar até a realização do mais alto grau de valor significa um valor metafísico da alma, ela mesma já absoluta, qualquer que seja a manifestação relativa realizada por sua modelagem psicológica. Se é certo que altura e baixeza, bondade e maldade, estupidez e inspiração estão longe de ser indiferentes em relação a todos os interesses possíveis do cristianismo, no que concerne justamente ao amor que se deve dar a cada um elas não têm importância. Essa exigência geral e uniforme seria inconcebível enquanto tal se devesse dirigir-se a uma estrutura dos valores determinada por essa relatividade; ela só pode se dirigir pura e simplesmente a um valor da alma que seja absoluto em si mesmo. Por certo o amor ainda não chegou, aqui, a seu grau mais elevado, pois sempre pode introduzir uma *ratio* para si mesmo. Ele só atingiria esse grau se baixeza, maldade e estupidez constituíssem a essência definitiva de um ser humano qualquer, sem que lhe restasse a menor centelha de valor, e se ainda assim o amor fizesse sua aparição — mas, então, esse último valor fundamental e, com ele, toda qualidade que o justificasse teriam desaparecido. Só então ele seria realmente *causa sui*, só então amar-se-ia por amor e não mais por uma razão qualquer situada fora do amor. O amor cristão progrediria além de si mesmo, embora em sua própria direção. Mas ele não o faz, permanece preso a um valor absoluto da alma, no qual crê enquanto finalidade apriorística do movimento amoroso — e essa crença, decerto profundamente religiosa, tal como a crença no valor absoluto da existência em geral, ainda que o mundo fosse celerado, miserável e ímpio, basta para dar à indiferenciação do amor cristão seu apoio positivo. Porque é justificado, agora, não se preocupar com diferenças pessoais, que só podem ser relativas em relação a esse absoluto. Através daí, esse amor se situa além da vida, que se desenrola inevitavelmente em relatividades e estimações da natureza e do valor dos seres humanos, e em reações diferenciais de nosso sentir e de nosso agir, em conformidade com essas estimações.

Uma terceira indicação que conduz ao mesmo resultado nos vem do comportamento do próprio amante. Esse comportamento é conforme a um tipo cujo modelo é particularmente marcante na ética kantiana. Kant experimentou com grande nitidez a extrema estranheza mútua, ou mesmo a heterogeneidade, dos dois componentes do mundo moral — a liberdade e a lei — e fundiu-os juntos, declarando que a liberdade verdadeira era a consumação da lei. O cristianismo procede de maneira análoga com duas exigências religiosas cujas direções são paralelas ou opostas: a salvação individual da alma e o amor. Ele escapa a seu dualismo decidindo que o amor é a via para a salvação. Mas, do ponto de vista da motivação da salvação a ganhar, os objetos dos atos de amor tampouco apresentam diferenças capazes de exigir, em nome de sua própria importância, uma diferenciação dos próprios atos. Por certo, como penetra completamente a individualidade de seu objeto e se entrega a ela, embora a *diferenciação* dessa individualidade não o afete, o amor cristão escapa às incômodas conseqüências da seguinte realidade: quando o valor e a dignidade do objeto são indiferentes para o ato do amor enquanto tal, isso implica certo desprezo por esse objeto. Temos aí ressaltada a acentuação deste caráter inerente a todo amor: ser algo imerecido. Mesmo em presença de um amor igualmente correspondido, ele nunca pode ser calculado de maneira que não fique nenhum resto sem contrapartida, acha-se entre os valores não definíveis de forma quantitativa e que portanto, fundamentalmente, não se "merecem"; é por isso que o amor tampouco pode "exigir-se", mas permanece, ainda e sempre, em todas as circunstâncias, mesmo quando as ofertas e os contravalores mais altos parecem impô-lo e dar direito a ele, um presente e uma graça. Ora, tudo o que nos vem de imerecido de parte de um ser pessoal, mesmo a felicidade e a graça, rebaixa-nos de uma maneira ou de outra. Claro, só o orgulho mendicante senti-lo-á como uma humilhação, mas mesmo aquele que pensa de maneira mais livre e mais ampla sente humildade em relação a isso, e a aceitação de todo grande amor sempre comporta certo elemento de humildade. No entanto, pode-se ser mais ou menos "digno" até mesmo de uma "graça". E o fato dessa diferença não existir para o amor cristão enquanto amor — embora seja capaz de integrar a diferença em outras séries axiológicas — poderia facilmente levar a um sentimento de humilhação, sobretudo quando o imerecido não é sequer uma graça, mas atinge de maneira uniforme todos os seres. A única coisa que pode frear um pouco esse sentimento é o interesse, que se encontra nessa forma de amor, pela plena individualidade de seu objeto. A estranheza em relação à forma da vida enquanto tal ainda permanece, porém, onde a motivação pessoal — ganhar sua própria salvação por meio do amor — aproxima estreitamente o amor cristão da vida e de suas pulsões primárias naturais. Porque quanto menos essas pulsões sofrem a intervenção diretora de idéias ou normas, tanto mais totalmente elas seguem as contingências da evolução interna ou das coisas externas. Por mais legal que seja a vida do eu em si mesma, por mais monocolores que sejam suas manifestações pela permanência de seu caráter profundo, sua relação com o mundo que o cerca é no entanto — e precisamente quando submetida a essa unidade que só está em si mesma — uma relação de certa forma contingente, bastante diferente, abordando ora um, ora outro ponto, como objetivo de suas impulsividades.

A vida religiosa em geral já dispõe espontaneamente para o amor, sem dúvida nenhuma, embora em graus bastante diferentes e das mais diversas maneiras. Já não fosse, simplesmente, porque toda idéia de um ser divino representa um ponto focal em que a irradiação existencial de inúmeros indivíduos converge, em particular, com a do crente. Não conheço religião que não inclua algo de uma solidariedade metafísica, ritual ou prática, e de uma exigência altruísta, ainda que só no seio de um círculo muito estreito. Ela é, muitas vezes, até mesmo a expressão ou a hipóstase para a unidade de um grupo. Quanto mais dá provas de vitalidade imediata, mais suas conseqüências interpessoais vão se desenvolver nitidamente como se estivessem determinadas pelo amor pelos correligionários designados por ela, ainda que haja, efetivamente, outros motivos para tanto. Quando sua essência, em vez de incorporar-se em certa conduta da vida, se coloca antes num dogma, esse resultado torna-se mais duvidoso. De fato, com o dogma, a religião acaba de deixar a esfera da vida para entrar na da idéia. Mas o dogma cristão ingeriu o amor, elevando-o assim a essa segunda esfera, em que ele pode então, enquanto "amor cristão", dar provas dessa forma particular de extensão universal, que revela para nós sua estranheza em relação ao ritmo próprio da vida enquanto tal. Na medida em que o cristianismo é tomado como forma de religiosidade não específica, ele não faz mais que conduzir ao limiar do amor, do mesmo modo que a vida sexual o faz em seu próprio domínio — o amor permanece todo esse tempo no estado de latência nele, uma acidência da orientação universal da vida religiosa. Mas o cristianismo efetua a grande inversão do eixo: o amor passa a ser o ponto central extremo, pelo que, na verdade, torna-se realmente "amor" — e a vida se acha convidada, com suas energias religiosas, à sua realização. O amor, é claro, pode reagir sobre a vida, ser absorvido nela. Ele permanece então, justamente, um conteúdo recebido, originário de uma esfera que tem sua própria validade, e não da própria vida, que não dispõe absolutamente, em si, dessa forma específica. Assim, a prefiguração do amor é, sem dúvida, um elemento ou um produto da vida religiosa, do mesmo modo que a vida biológica, mas, tornando-se verdadeiramente amor cristão e parte constitutiva do dogma, transcende igualmente esse *modus* ou esse domínio da vitalidade; retomado por ele, revela sua particularidade transvital subtraindo-se às determinações elitistas e individualistas, às interrupções, limitações e influenciabilidades da vida como tal, inclusive a vida religiosa.

FRAGMENTOS E AFORISMOS

O fato de ao instinto do acasalamento, que serve apenas para a reprodução da vida, ter-se juntado o amor, que não se preocupa com ela, é uma imensa libertação em relação à vida. Do mesmo modo que a arte é uma, quando se ergue acima do natural; ou ainda o religioso, quando se emancipa do temor e da esperança.

O amor, que se tornou algo totalmente autônomo, transvital, em que se realiza a ruptura em relação à vida e seu serviço, transforma-se de novo em vida na natureza erótica, do mesmo modo que, no artista, a arte que se tornou suprateleológica.

Ao se falar de *natureza* erótica, só se pode tratar, justamente, de uma forma de vida. E é a vida de tal indivíduo, com sua teleologia interna, sua força que busca confirmação e seu ritmo, que se acha determinada aqui pelo que se emancipou da vida, tendo tudo isso se tornado novamente vida nele. É por isso que São Francisco pôde ser uma natureza erótica.

Na natureza erótica, o amor emancipou-se da maneira mais completa dos fins da procriação — e o decisivo, o que alcança em suas profundezas a metafísica da vida, é, no caso, o fato de que não há, aqui, abstração, mas natureza.

Na natureza erótica, o amor é um fim em si, e o determinante para ele não é que sirva à reprodução ou ao gozo.

Natureza erótica? Isto é, uma natureza em que o amor é o *a priori* da relação interna com outrem? Um *a priori* tampouco tem por definição aplicar-se a toda matéria. Inúmeras vezes não pensamos causalmente (de maneira correta e tácita), o que não impede que a causalidade seja *a priori*. Pois é apenas se pensamos assim que pensamos corretamente e compomos o universo teórico com a unidade que ele deve ter. Portanto, a natureza erótica não ama sempre, nem ama todos, mas é na medida em que o faz que ela se concentra integralmente e consuma o sentido objetivo da sua vida.

A natureza erótica está para o apaixonado comum assim como a bela alma para a simples moralidade?

A natureza erótica enquanto caso limite: o amor deve efetivamente ir da pessoa inteira à pessoa inteira. Porque o elemento puramente sensual e o elemento puramente espiritual da pessoa situam-se para lá da individualidade; tanto com um como com outro, a substituição por quantos indivíduos quisermos tornar-se-ia possível.

A natureza erótica talvez seja aquela para quem dar e tomar são uma só e mesma coisa: ela dá tomando e toma dando.

Na natureza erótica, a relação com o outro é uma forma ou a forma de sua existência imanente, do mesmo modo que a exterioridade espacial é a forma da intuição, em si mesma não espacial. O que, segundo o conceito, é transcendente à alma lhe é imanente sob o aspecto metafísico ou epistemológico. O homem não erótico, de fato, ama em direção ao exterior; no homem erótico, esse exterior é uma função interna.

Uma natureza erótica é uma natureza em que o amor é uma produtividade do ser e não só a reação a uma atração? Na época da juventude, em que apenas queremos e devemos amar, somos todos naturezas eróticas (mas o desaparecimento dessa época prova que se trata de um fenômeno de ordem genérica, e não de ordem individual), ou então pode-se considerar o desenvolvimento dos impulsos sensuais, mesmo se nascem puramente no interior, como uma "atração" exterior no centro da alma, que só se distingue da atração que exerce uma bela moça por uma questão de distância.

Uma natureza erótica é, em todo caso, uma natureza que a cada instante sabe com que objetivo vive — ainda que o objetivo em questão não se realize.

O que o ser erótico não é, em todo caso: um gerente econômico, um homem de profissão diferenciada, um hipocondríaco.

O Dom Juan da ópera é movido apenas por sua fisiologia, com o detalhe de que só pode satisfazer a pulsão com mulheres sempre diferentes, e logo se mostra farto de cada uma isoladamente. Há individualismo nisso apenas em aparência, apenas em aparência oposição ao aspecto puramente genérico da pulsão. Porque tudo isso significa que ele não é atraído pela individualidade da mulher, a qual se desenvolve justamente depois da primeira satisfação sensual, e portanto genérica, mas apenas pela realidade formal da mudança. É compreensível que esta seja justamente uma atração necessária quando a motivação é puramente genérica.

Ainda diferente é o caso em que nem a pulsão como *terminus a quo*, nem o prazer ávido do "supremo momento" são o elemento motivador, mas a atração da sedução como tal. Vontade de poder sádica por um lado, maneira, por outro, de fixar a atração numa etapa prévia, o que ainda não coincide com a simples antecipação, mas pode, ao contrário, permanecer inteiramente dissociado do *definitivum* físico.

O tipo mais elevado de Dom Juan, que não chega por certo a 1.003, se manifesta quando uma pulsão genérica desmedidamente forte, constituindo talvez o absoluto da personalidade, se realiza apenas e de imediato através de uma paixão individual, em que ela encontra sua única forma. (Analogia com a metafísica individualista de Schleiermacher.)

Há naturezas que são eróticas em certo sentido, mas no sentido que se estabelece por inversão: naturezas que querem absolutamente ser amadas, sempre e por todos, mas que, ademais de não demonstrarem contrapartida no caso particular, não são em absoluto pessoas amantes. O erótico da sua natureza, que indubitavelmente existe, exprime-se apenas por esse desejo de possuir amor. Não são, por isso, naturezas passivas, longe disso; querer ser amadas decorre de uma atividade apaixonada, pela qual investem tudo o que podem. Elas não querem ser amadas porque amam por sua vez; querem sê-lo em geral sem nenhum "porquê". É o fenômeno originário da sua natureza.

Talvez a natureza erótica tenha, em relação à generalidade, o sentimento que, em outros, só é desencadeado pela individualidade.

Para a natureza erótica, a relação afetiva unicamente possível em relação a um indivíduo (e, para dizer a verdade, inclusive em relação a um só indivíduo) torna-se uma relação geral permanente (se bem que em diversos graus), mas sem cair na negação panteísta da individualidade.

A natureza erótica não é necessariamente panteísta. Ao contrário, a indiferença panteísta em relação ao indivíduo como tal não lhe pode ser simpática. A filosofia de Schleiermacher é, antes, o que a exprime. De fato ela tem, em relação a cada um, o espírito amante, não porque ele represente o ser humano em geral ou porque a via que leva ao todo e ao absoluto passe por ele; mas, de certa forma ela se detém, junto de cada um, como se naquele instante só houvesse no mundo esse um;

essa maneira de sentir também pode, decerto, comportar graus variadíssimos. Ela decorre desse tipo de almas que perdoam não porque compreendem, mas embora compreendam... Ela não ama todo o mundo, mas cada um, ela tem a relação mais sutil com o indivíduo como tal, o indivíduo não é amável a seu ver por uma razão qualquer exterior a ele.

Na natureza erótica, o amor não é uma relação com outrem, mas um absoluto de seu ser, fechado em si. O amor que se emancipou do serviço à vida torna-se aqui, por sua vez, vida — uma vida num estágio superior. Assim, ele pode se desenvolver em todas as relações queridas. Conheci naturezas eróticas que amaram apenas um só ser, sem ter sabido antes o que era o amor, e pondo o absoluto de sua existência erótica nessa única relação, não sendo sequer imaginável então a menor hesitação. E conheci outras cujo ser abria-se todo a um amor universal, no momento em que uma atmosfera sempre renovada, ascendendo delas, vinha envolvê-las, como todos aqueles que delas se aproximavam. Assim, a natureza religiosa também pode ser tanto monoteísta quanto panteísta ou politeísta. Esse último caso é talvez o mais difícil, porque entre os pontos isolados para os quais se orienta a intenção subsistem, por assim dizer, espaços vazios.

O fenômeno da natureza erótica é a extremidade de uma escala que, em idéia, leva do individual ao mais geral. De um lado, há portanto o amor singular por uma pessoa porque ela é esta pessoa determinada, a aparição e a persistência da função erótica com este único e exclusivo conteúdo. Entre o aspecto geral e o aspecto individual do processo, não existe nenhuma separação psicológica ou ideal, o sujeito conhece o amor em sua essência e ''em geral'' exclusivamente sob a forma desse amor individual, ele mesmo exclusivamente suscitado, em sua própria raiz, pelo objeto em questão. O segundo estágio começa quando o outro sexo, em sua totalidade, substitui, por assim dizer, essa individualidade única chamando o amor. Há homens que amam a mulher como tal, isto é, o tipo feminino em geral. Aqui também é preciso distinguir dois tipos: muitos homens amam, por assim dizer, *todas* as mulheres, portanto o conjunto dos indivíduos femininos, de modo que eventualmente pode ser amada a individualidade de cada uma como tal e em particular; outros amam o princípio feminino, a unidade mais elevada ou mais baixa (abstrata ou orgânica) além dos indivíduos e de seu conjunto; aqui, o amor se dirige à mulher singular, com freqüência na medida em que representa completa e intensivamente esse princípio. Mas o comportamento erótico eleva-se à generalidade mais extrema quando seus pressupostos tomam o sujeito de modo exclusivo. Essa pessoa é então constituída de tal sorte que lhe é necessário amar. Isso significa que todo seu ser assume uma coloração e uma tendência que se desenvolverão talvez da maneira mais forte e mais nítida através de sua relação com o outro sexo, mas sem se limitar em absoluto a ele. Com efeito, a disposição erótica é, para tal natureza, quanto a todas as suas manifestações, o *a priori* que determina como geral ou necessária a forma erótica ou o elemento erótico. Não é exigido em absoluto que esse *a priori* dê sempre lugar a um fenômeno puro, ou mesmo a um fenômeno sexual. A sexualidade é um de seus domínios de atividade, mas, como todos os outros, relativamente contingente, exterior, dado como material. O comportamento em relação a todo homem, qualquer que seja, ou em relação a Deus, à natureza, ao destino, não é menos determinado ou co-determinado pela disposição erótica. Só a medida e a natureza dessa determinação permanecem tributárias da individualidade do objeto, em oposição absoluta ao primeiro tipo e relativa ao segundo.

A questão primordial, seja como for, é a seguinte: todo erotismo emana da sexualidade considerada como sua fonte e sua substância estável, ou o erotismo é uma textura primitiva da alma, autônoma em si? O simples fato de existir um amor que nada tem a ver com a sexualidade, nem em seu conteúdo, nem em sua gênese, depõe a favor desse último caso.

Tanto o erotismo inerente a uma natureza pode se transformar em amargor, em pessimismo, em aversão ao mundo, como o amor a um indivíduo transformar-se em ódio, um sentimento então bem diverso do ódio nascido numa base diferente.

Há naturezas eróticas que não são absolutamente sexuais. Talvez Jesus, talvez Spinoza — este último tão erótico, que pretendeu amar as coisas pelo simples fato de que as *compreendia*. O erotismo, é verdade, surge na maioria das vezes sob a forma da sexualidade, tanto que a maioria dos humanos não conhecem outro erotismo e caem assim em confusões repugnantes — que poderiam despertar a idéia de que a psicologia caiu nas mãos de açougueiros —, assimilando o ardor dos místicos religiosos a uma sexualidade indireta, quando ela deriva diretamente do erotismo. A noção de erotismo esclarece melhor o que falei acerca do amor (mesmo no sentido sexual), a saber: é um estado solipsista, um ser do sujeito que só secundariamente tem a ver com o objeto, com a vida. A natureza erótica é, de fato, erótica mesmo quando não ama ninguém, do mesmo modo que é forte o homem forte, mesmo quando nenhuma tarefa lhe for atribuída.

A sensualidade é, em si, o genérico, e nessa medida o verdadeiro oposto do amor. O estágio em que hoje se encontram com freqüência as próprias pessoas superiores se resume a uma justaposição dos dois, que é bem pouco orgânica, bem pouco homogênea: um dos componentes tem o efeito de um *trunfo* em relação ao outro. Problema: a individualização realmente extremada da sensualidade, uma individualização tal como o amor a efetua. Também pode existir outra que seja apenas o caso de uma diferenciação, ou mesmo um refinamento, de caráter espiritual e geral. Mas esta, em princípio, não se prende a um só objeto, e pode se voltar para determinado outro graças a uma mudança de gosto, a uma modificação dos fatores que determinaram esse refinamento. Para que a individualização seja realmente definitiva e legitimada pela própria coisa, é preciso que decorra do amor.

Já ver o amor no ato sexual decorre, sem dúvida, de um otimismo muito nobre, de um esforço idealista para enobrecer o inferior — mas há nisso uma aberração total. A vida não se origina do amor, mas o amor, da vida. É por isso que este, assim que se torna autônomo, fica igualmente infecundo. Ele não pode alcançar a vida, é preciso que ela esteja de saída nele.

No organismo altamente complexo, apenas uma parte das células assume, na divisão do trabalho, a atividade de reprodução que exercia outrora a célula individual enquanto totalidade. Essa divisão do trabalho, que também se mantém em espírito no ser humano excitado pela pura sexualidade, irá regredir, por sua vez, no amor: é o indivíduo em sua integridade que ama. Seja como for, semelhante volta atrás ocorre no ser humano num estágio mais elevado de cultura; sua excitabilidade sexual ou erótica, tanto no sentido ativo como no passivo, não se limita em absoluto ao domínio especificamente sexual, mas se estende ao conjunto do corpo. Na natureza erótica, ao conjunto da alma.

O ato sexual contém, em seu primitivismo natural, a pulsão e o objetivo, seja na simultaneidade, seja na indiferença. O animal sente-se impelido, ele serve também ao objetivo da espécie. A humanidade acabada distingue o aspecto teleológico e o aspecto impulsivo do ato preenchendo-o, na verdade, de conteúdos bem diversos. O ser humano pode buscá-lo para o prazer, sem que a pulsão desempenhe um papel, ou então unicamente o exigido como condição do desejo de volúpia, o único decisivo. A teleologia da espécie desapareceu igualmente nesse caso não deixando o menor vestígio, mas substituiu-a uma finalidade subjetiva que imprime do mesmo modo ao ato o caráter de puro meio em vista de um objetivo. De outro lado, a estrita paixão espiritual-erótica incita à união dos corpos — em que decerto é preciso supor a pulsão genérica, por mais latente que seja, enquanto toda teleologia da procriação desapareceu completamente —, não menos que aquela outra que busca o prazer. Trata-se certamente de pulsão, mas esta não é, enquanto tal, mais que a conseqüência na ordem física do erotismo puramente individual, emancipado dos fins da espécie, bem como de todo objetivo em geral. Aqui não se aplica a genealogia banal: o instinto sexual, base do amor — o inverso é que é verdadeiro!

"A sexualidade normal desenvolvida é o estreitamento e o aguçamento de uma instintividade difundida, num estágio antigo da vida individual, através do conjunto do corpo e do sistema nervoso. Essa instintividade só assume o caráter da sexualidade por semelhante centramento exacerbado nos órgãos genitais."[1] Ora, uma natureza erótica parece-me aquela em que toda a energia pulsional em suas ramificações possui, de hábito, o caráter erótico já antes que tenha sofrido o estreitamento necessário.

Há dois casos em que o beijo é simbólico: na amizade e na pura sensualidade. No primeiro, ele simboliza a relação espiritual-ativa, no segundo, o *definitivum* sexual. Quanto ao beijo de amor, não simboliza nada, é a própria coisa — como a música, que *é* diretamente tudo o que ela significa.

O amor como busca, como tentativa. Buscamos o outro em nós, em nosso próprio sentimento. Essa busca se chama amor. Não começamos amando esse outro para em seguida buscá-lo.

Em virtude do amor, o homem encontra o caminho que leva do conjunto do sexo feminino a uma só mulher, e a mulher, a via que conduz ao princípio masculino através de um só homem. De um lado, há condensação, do outro amplificação.

Talvez nada mostre de forma mais clara, ou mesmo mais crua, a que ponto, genericamente, o amor do homem e da mulher se distinguem do que os sentimentos e as apreciações totalmente opostos que associamos, de um lado, ao amor da moça pelo homem bem mais velho, de outro, ao do rapaz pela mulher bem mais velha.

O erotismo metafísico: amar o mundo através da mulher e a mulher através do mundo.

Que o amor busque o eterno no indivíduo, seja; mas ele também pode buscar o indivíduo no eterno, também pode resumir a orientação essencial do ser humano em direção ao absoluto e ao supra-individual no *definitivum* de uma figura individual e da relação com ela.

Platão ama o geral no indivíduo, e nós o indivíduo como tal. Mas a alternativa entre o geral e o individual acaso não é daquelas além das quais existe um terceiro?

O amor não mostraria justamente isso? E não é esse terceiro, com freqüência, uma coisa que pode e deve apenas *ser*, apenas se viver, uma coisa que, tratando-se de apreendê-la intelectualmente, desemboca nessa alternativa cuja insuficiência sentimos, embora não possamos superá-la logicamente?

Em face do ser imediato da vida elementar, por natureza arraigada no cosmos, e diante também de seu correspondente simétrico, o êxtase plotiniano, o saber é um distanciamento, a instauração de uma distância entre o sujeito e o objeto, como os místicos também consideram. Mas talvez ele seja, apesar de tudo, a tentação de superar essa cisão dada, talvez seja também o *único* ato que supera a cisão criando-a, e que a cria superando-a. Contudo, a separação leva a melhor sobre a reconciliação, a unidade metafísica do sujeito e do objeto não é acessível por essa via, permanece um processo sem fim. O mesmo pode ocorrer com o amor. Percebo sob a sua superfície uma relação das almas — "relação" já é uma expressão que implica um dualismo falsificador —, portanto uma unidade dual, um absoluto do estar juntos, do evoluir juntos, que não é amor. Este já é distanciamento, confronto, suposição do ser-para-si e, simultaneamente, a tentativa de superar isso. Essa tentativa não pode ter êxito: uma vez tendo tomado posse dessa "relação", a consciência faz dela realmente uma relação, leva-a à sua forma antitética própria. Se esses esforços fossem coroados de sucesso, o amor justamente não existiria mais, e sim essa outra coisa — exatamente do mesmo modo que a unidade mística com a totalidade do ser não é mais o conhecimento. Plotino: a unidade com Deus no êxtase só dura brevemente, porque o homem em sua fraqueza teme não possuir Deus se não o coloca diante de si como um objeto; o que justamente o faz desaparecer. Colocando o amor diante de si — gesto necessário sem dúvida nenhuma, para que se torne um amor empírico —, faz-se surgir sua problemática e sua contradição. Há algo em seu fundamento a partir do que se desenvolve a dualidade.

É justamente estando a dois que se está só, porque então se está separado, se está "face a face", se é outro. E quando alguém está fundido na unidade, encontra-se de novo sozinho, porque não há, agora, nada mais que possa abolir a solidão de não ser mais que um. Mas, como não se é solitário no amor, ele não pode se dissolver nesse dualismo lógico. Nem tampouco no esforço para ligar seus aspectos por uma continuidade, como Platão tentou chamando-o de caminho que leva do não-ter ao ter, portanto do ser dois ao ser um (como *O banquete* também o interpreta). Essa simples mediação entre os pólos, nenhum dos quais é o amor, não se coloca de maneira bastante resoluta além deles. De maneira similar na relação religiosa: não quer dizer estar separado de Deus enfrentá-lo numa dualidade, como tampouco significa estar fundido com ele na unidade.

Nessa medida, o amor deriva do trágico no estado puro, inflama-se apenas em contato com a individualidade, e se choca contra a impossibilidade de superar a individualidade.

Uma de nossas dificuldades mais graves, mais funestas, é deixar a intensidade de um estado momentâneo fornecer a razão determinante da duração mais ou menos grande sobre a qual vamos projetar no futuro determinada situação ou determinada relação. Não temos alternativa, porque toda consideração racional sobre a duração conveniente não pode oferecer outro critério objetivo além de sua forma lógica, e deve aceitar justamente como sua condição material, única a permitir a decisão material, esse estado momentâneo, o único de que dispomos. Não temos fórmula que autorize projetar com precisão objetiva a intensidade do atual sobre a extensão do futuro e, sobretudo, como seremos mais tarde, coisa que não depende, evidentemente, da dita intensidade; duas séries de evolução com curvas muito diferentes podem apresentar, num ponto dado, uma intensidade exatamente do mesmo tamanho. Se o ponto em questão é ou não o representante autêntico de nossa lei evolutiva, disso raramente somos bons juízes.

Um reflexo subjetivo empresta ao casamento um efeito eudemonista que o amor livre não seria capaz de possuir, a saber: cada instante contém em si todo o futuro, um acontecimento nunca é isolado, mas constitui o ponto de passagem na vida desse sócio-indivíduo a dois, que traz em si suas evoluções ulteriores no estado de latência, co-determinadas por ele. Essa antecipação de um futuro seguro a perder de vista, que reside em todo instante de felicidade de um casamento monogâmico, efetua uma ampliação, uma elevação, um aprofundamento incomparáveis do sentimento. O mesmo se dá na esfera religiosa: o filho de Deus sente cada instante da vida como um ponto de passagem rumo a um futuro infinito de felicidade que existe nele em estado de latência e que ele antecipa psicologicamente. Continuidade da existência que a vida e a religiosidade criam.

Gostaríamos de concluir, baseados em alguns sintomas, que o processo de diferenciação da cultura moderna libertará a *qualidade durativa* do amor em relação às materialidades acima evocadas, concedendo a este, pois, uma existência cada vez mais independente daquelas.

As proposições que visam substituir o casamento pelo amor livre correspondem à tendência futurista da atual mística na evolução das formas culturais. A forma antiga já caducou, a nova ainda não está criada, de modo que se crê ter no informe a expressão adequada da vida em seu ímpeto. Mas resta a mesma contradição que existe no expressionismo.

Aqui também, para dizer a verdade, o fenômeno trágico fundamental: a vida cria uma forma indispensável para si, mas que, pelo simples fato de ser forma, se mostra hostil tanto à mobilidade como à individualidade da vida.

Existe inegavelmente entre o erotismo e a solidez formal da monogamia uma contradição que só um feliz acaso pode aplacar. Ela se torna trágica devido ao fato de que esse erotismo, na realidade, leva apesar de tudo a essa solidez. Um dos sintomas disso é o amor ser gerado com freqüência pelo contraste das naturezas, mas, em contrapartida, a boa conduta do casamento depender em grande medida da similitude destas. A similitude familiar já tem seu sentido benéfico como condição de possibilidade para a família. E entre o homem e a mulher também deve finalmente existir uma similitude familiar. Se os contrastes, que originalmente eram o elemento de atração e de ligação, são tão fortes que impedem que isso atue, o casamento não dá mais certo.

O amor é um investimento da alma, tal como a moralidade; a alma não se pertence mais na mesma medida, não é mais tão livre do que quando ainda não amava. A tarefa ideal se apresenta então exatamente como face à moralidade: a limitação da liberdade deve ser sentida como a liberdade superior. O que chega ao eu do exterior sob forma de exigência determinante deve ser concebido como uma ampliação do eu. Claro, devemos repetir as palavras que nos sopram o imperativo categórico e o amor; mas somos nós mesmos os poetas que redigiram o que um e outro nos dizem. Só há duas maneiras de sentir a liberdade e a limitação da liberdade como uma só e mesma coisa: ou a prescrição imperativa deve brotar do eu, ou o eu brotar dela. Nosso eu é a instância realmente produtiva e autônoma, ele chega à sua plena expressão na moralidade e no amor, suas exigências são as formas ideais de seu ser, que lhe resta preencher de sua realidade; ou então estas últimas pertencem a um reino metafísico, do qual nosso eu é a irradiação, se não é, talvez, apenas o estrangeiro domiciliado.

Só o ser que ama é um espírito realmente livre. Porque só ele enfrenta cada fenômeno com essa capacidade ou essa propensão a acolhê-lo, a apreciá-lo tal como é, a sentir plenamente todos os valores, capacidade que não é limitada por nada de anterior nem de preestabelecido. O cético, o espírito crítico, aquele que é despido de preconceitos em teoria, comportam-se de maneira diferente. Notei com freqüência que esses tipos de homens, com medo de perder sua liberdade, não oferecem uma acolhida realmente independente diante de tudo o que vem de fora, acolhida que sempre necessita certo abandono ao fenômeno. O homem que ama é aquele que não se deixa entravar na relação interior com outrem — tal como, na ordem prática, só podemos observar nas pessoas violentas. O ódio não é tão livre em relação aos valores positivos dos outros quanto o amor, por seu lado, em relação aos valores negativos.

"Tomar" e "dar" é, no erotismo, uma categoria extraordinariamente grosseira e bem pouco pertinente. Ela decorre de um modo de representação mecanístico-lógico, que pretende recompor, a partir de relações estabelecidas *a posteriori* entre elementos fossilizados, extraídos do contexto da vida, o que é o fluxo imediatamente homogêneo da própria vida. A unidade em que se oferecem os estados de coisas é deduzida, então, da composição formada por um elemento ativo e um elemento passivo, os bens do amor são dissociados do processo vivo deste e transformados numa realidade substancial que não se *é*, mas que temos. Como temos "representações" que se encontram em relações de proporção ou de equilíbrio, ou que são postas em equilíbrio, como o prazer e o desprazer.

O amor infeliz — como o costume nos faz dizer — é uma expressão totalmente errada. O amor sem resposta torna o amante infeliz, mas não há nele mesmo nenhuma infelicidade. "Infeliz" é o amor quando se volta para um objeto que sabemos indigno dele, em relação ao qual se manifestam reservas, uma indiferença, ou mesmo aversão, inclusive ao lado do amor, e talvez nas camadas mais profundas que esconde sob sua superfície. Então, a infelicidade é realmente situada no acontecimento amoroso, enquanto, em caso de não resposta, permanecerá algo de acidental, que também poderia ter outro resultado com o mesmo amor exatamente, e que amanhã, talvez, será efetivamente outro.

Grosseira superficialidade da conceitualização: amor infeliz — amor sem resposta! Existe um amor sem resposta que faz nossa felicidade e um amor correspondido que nos torna miseráveis. Mas a equação acima baseia-se no fato de que vemos a essência do amor na busca de certas coisas exteriores (de ordem social ou fisiológica), cuja obtenção nos "torna felizes" e que, decerto, só cabem ao amor correspondido.

Identificação errônea do "amor feliz" com o amor correspondido. "Possuir a felicidade" ainda não é "ser feliz".

A indiferença em relação ao amor recíproco em Platão ainda persiste em parte em Shakespeare. Sob certos aspectos muito discretamente, na medida em que o apaixonado pretende desposar o objeto de seu amor e seria feliz assim, ainda que seja evidente que não se trate de um amor do outro por ele. Assim, em *As you like it* o duque quer se casar com Olívia e ela com Cesário, e os dois não desistem, embora saibam que não são correspondidos. Sob outros aspectos, tudo está imediatamente presente, na surpreendente rapidez com que o amor cria seu objeto, troca-o e se contenta desta forma, por mais claro que seja, porém, que não pode haver aqui nenhum amor fundado ou duradouro. Foi apenas em *Romeu e Julieta* que Shakespeare pôde nos convencer do fenômeno. Shakespeare também não superou o estágio do "ἔρως", pelo menos nas comédias.

O querer de Schopenhauer, embora fundado na essência metafísica do sujeito, é na verdade determinado pelo *terminus ad quem*. O próprio desse querer é orientar-se para um objeto exterior a ele, e é nisso que repousam todas as conclusões metafísicas e pessimistas de Schopenhauer. Ora, existe outro querer que não deseja, que não busca um ter, assim como não espera do mundo, enquanto querer, sua satisfação: falo no querer agir, no desejo de se exprimir, de se ativar, de se confirmar. A isso correspondem duas possibilidades do amor. Uma quer algo do objeto amado, quer "tê-lo" num sentido qualquer; seu significado e sua evolução dependem integralmente da espera e da chegada da resposta proveniente do objeto. A outra consiste em amar pura e simplesmente, é uma função inteiramente subjetiva, não precisando portanto de uma reação do objeto. O "se eu te amo, que te importa?'' não vai completamente nesse sentido. Porque temos aí uma renúncia, uma modéstia, um entrave ao desejo. Ora, o amor que quer apenas amar não precisa renunciar, porque, *a priori*, não deseja. O amor cristão está, sob certos aspectos, nessa disposição.

Há um aspecto não simpático no amor cristão ao próximo, o fato de ele só se preocupar com a aflição do próximo, se apresentar apenas como um impulso a socorrer, só ser, portanto, verdadeiramente suscitado pela aflição. Esse amor não provém da plenitude ou do extravasamento feliz que gratificam inclusive o rico, nem busca a plenitude ou o extravasamento, mas limita-se à ajuda requerida pela necessidade. No entanto, o amor deveria comportar essas duas correntes, do mesmo modo que a religião emana da carência ou do excesso da vida.

O fato de o amor cristão buscar essencialmente ajudar, ser atualizado pelo sofrimento de outrem, é o que o atrai ao genérico. Ninguém pode remediar o mais profundo sofrimento inteiramente individual, mas apenas o sofrimento geral: aflição, doença, abandono, é a isso que se pode socorrer. O conteúdo dessa tendência amorosa é, portanto, tão genérico quanto seu fundamento religioso.

O ''amado'' é um problema bem particular, que, estritamente falando, nada tem a ver com o amor. De fato, o amor só existe no amante, mas o estado moral do amado está em sua alma, onde, segundo os pressupostos, não se encontra nada do amor. A natureza desse estado depende integralmente da compleição e do modo de reação próprios à sua alma. Assim que o amor sentido no outro provoca em si mesmo o amor, ele é, por sua vez, amante, e o problema desaparece nessa medida. Claro, a especificidade do amor assim nascido coloca um problema particular, do mesmo modo que o fenômeno do amor correspondido, conjunção entre amar e ser amado.

Ser amado decorre de uma pura passividade unicamente quando o objeto do amor não experimenta nada deste, ou não lhe retorna nenhuma espécie de reação (nem mesmo a rejeição). Ora, sendo esse o caso, então a expressão corrente, mais uma vez, não convém inteiramente. Apanhar a cacetadas sem dúvida também é uma passividade, mas representa uma determinação positiva bastante marcante do indivíduo que apanha, o que adquire sentido na reação deste, se bem que esta se consume integralmente no interior dele. Ora, deve existir uma reação semelhante no fato de ser amado, se se presume que tal fato deva designar algo que se refere de alguma maneira a seu objeto. Senão, nada tem a ver com ele, e a qualificação de passividade ainda é excessiva.

A meu ver, "desejar" o ser amado é uma noção muito mal esclarecida. Um deseja tão-só sua presença, o outro a consciência do amor correspondido, o terceiro a possibilidade de se sacrificar por ele, o quarto um beijo, o quinto a entrega do corpo. Mas a questão de fundo é a seguinte: desejamos nosso estado eudemonista, suscitado por essas ocasiões, ou será que queremos que isso se produza de certa forma na ordem objetiva, como também queremos que sejam realizados valores que em absoluto não nos dizem respeito pessoalmente, sendo nossa reação subjetiva então algo de secundário e acidental?

Uma obscuridade particular é provocada pelo fato de que parecemos experimentar, no ato sexual, o sentimento de prazer genérico, condicionado pela pura *physis*, como um prazer relativamente autônomo e interiormente separado em relação à personalidade individual e à relação estabelecida com ela. Na medida em que se trata exatamente disso, todo o processo é um processo solipsista. O aspecto puramente genérico do erotismo sexual é puramente egoísta, o que só seria modificável na medida em que o ego, enquanto realidade individual, fosse em tal caso tão apagado quanto o tu.

O desejo do diferente é um desejo diferente. Do mesmo modo, a posse do diferente é uma posse diferente.

A graça que vive em todo amor recebido não é decerto manifestada deliberadamente pelo enamorado, mas nada tem a ver tampouco com um favor do destino, de onde viria essa felicidade. Essa graça é, certamente, também uma felicidade, mas que vem ao mesmo tempo do enamorado, de uma camada última ou de um limite extremo da personalidade, não necessitando em absoluto de sua vontade e, inclusive, não sendo em absoluto acessível a esta. Onde há vontade, já não há liberdade absoluta e ainda resta algo a superar (senão, não seria em absoluto necessária a vontade), e é uma energia específica da alma que se mostra ativa, não a força unitária de sua raiz global.

Do mesmo modo que a divina conservação do mundo é uma criação contínua, também a conservação do amor de outrem é sua reconquista contínua — e a conservação do amor que se tem em si é uma recriação igualmente contínua deste.

O grande par de opostos que determina o mundo como alma e a alma como mundo — o ser e o devir — também se revela no amor. Ao lado dos indivíduos para quem o amor é um estado, uma realidade persistente, dada de uma vez por todas, há outros nos quais é um devir constante, uma evolução sem pausa, um tornar-se outro, um ganho sempre novo; só ganha "a liberdade como a vida" aquele que deve conquistá-las cada dia; o mesmo se dá com o amor.

O amor à vida, que não deseja a vida, é o amor atemporal. Toda vontade tem algo de temporal, permanece estendida entre o agora e o em seguida. O amor que nada *quer* recolheu em si todos os elementos separados do tempo. Eis um sentimento que Spinoza deve ter tido, salvo que, a seu ver, ele valia para a totalidade do ser. Mas o objeto do amor fica assim posto longe demais do eu (daí o *amor intellectualis*, de fato, o pensamento vence qualquer distância) e a ele só pode ser unido pelo panteísmo. Que Deus não corresponda a nosso amor, eis aí a própria ausência de desejo. Meu amor à vida: o amor é, justamente, ele próprio um *processo vital*, o sentimento engloba tudo, porque tudo o que se encontra em mim é portado pela vida. Nesse amor, a vida se volta para si mesma, como Deus se volta para si no *amor Dei* de Spinoza.

POSFÁCIO
À MEMÓRIA DE G. SIMMEL
(G. LUKÁCS, 1918)

Georg Simmel foi, sem dúvida nenhuma, a figura de transição mais importante e mais interessante de toda a filosofia moderna. Por esse motivo, exerceu uma atração sobre todos os verdadeiros talentos filosóficos da nova geração de pensadores (que são mais que simples especialistas circunspectos ou dedicados às disciplinas especializadas da filosofia), a tal ponto que, por assim dizer, não há um só que não tenha mais ou menos sucumbido à sedução de seu pensamento. Mas, pela mesma razão também, essa atração só foi duradoura em raríssimos casos. Simmel não teve "discípulos", como tiveram Cohen, Rickert ou Husserl; ele foi grande por estimular, mas não por educar, nem tampouco, na verdade, por criar uma obra acabada — o que nos aproxima de um salto ao centro de seu ser.

Costuma-se apresentar Simmel, tanto para exaltá-lo como para denegri-lo, como alguém "cheio de espírito''. No entanto, essa qualificação, por mais justa que seja, não toca em absoluto o núcleo de sua personalidade filosófica. Decerto, espiritual no sentido corrente do termo ele também foi, e poderíamos citar dele, ao longo de muitas páginas, fórmulas que sustentariam a comparação com os maiores mestres do dito espirituoso; mas o elemento decisivo, em seu caso, reside num nível mais profundo: trata-se de fato de um espírito filosófico no sentido mais autêntico e menos falsificado, de um espírito como só os maiores possuíram. O espiritual, nele, é a apreensão fulgurante, a expressão ao mesmo tempo admirável e pregnante de fatos filosóficos ainda não revelados, a faculdade de ver o fenômeno mais íntimo, mais anódino da vida cotidiana tão fortemente *sub specie philosophiae* que ele chega a se tornar translúcido e deixa aparecer, além dessa transparência, o eterno encadeamento de formas de que é solidário o sentido filosófico.

Simmel possuía eminentemente esse dom supremo do filósofo. Como é possível, então, que ele tenha dado prova desse ''espírito'' brilhante próprio a estimular, sem alçar-se à altura de um filósofo realmente grande, que faça realmente época? A causa desse fracasso diante do ápice designa ao mesmo tempo o ponto em que estavam ancoradas as capacidades mais ricas e mais fecundas de Simmel. Citemos uma sensibilidade que não conhece nem freio nem limite, sublinhando o aspecto positivo disso. E, se queremos indicar exatamente os limites de seu ser que se revelam então, é de uma falta de centro que convém falar, de uma incapacidade de assumir as decisões últimas e abruptas. Simmel é o maior filósofo de transição de nosso tempo, para resumir com uma frase sua grandeza e seus limites; é o verdadeiro filósofo do impressionismo. Não que ele tenha apenas posto em conceitos o que exprimiu a evolução impressionista da música, das artes plásticas e da literatura; sua obra é bem mais que a formulação abstrata da visão impressionista do mundo, é a figuração filosófica desse sentimento global de que nasceram as maiores obras dessa tendência, é a essência da época que nos precedeu imediatamente, formalizada de maneira tão problemática quanto nas obras de um Monet ou de um Rodin, de Richard Strauss ou de Rilke.

Todo impressionismo é, em sua essência, uma forma de transição e, a esse título, rejeita o fechamento, a modelagem final imposta pelo destino ou impondo-se a ele — não por princípio, mas por incapacidade de chegar a tanto (definição que, por certo, convém apenas aos mais altos representantes do impressionismo; entre os epígonos e os imitadores, sempre se trata apenas de uma impotência habilmente mascarada). O impressionismo sente e avalia as grandes formas rígidas, prometidas à eternidade, como violências feitas à vida, à sua riqueza e à sua policromia, à sua plenitude e à sua polifonia; ele não cessa de glorificar a vida e pôr toda forma a seu serviço. Mas, com isso, a essência da forma torna-se problemática. A empresa heróico-trágica dos grandes impressionistas consiste justamente em que a essa forma — da qual não podem escapar, pois é o único meio possível de sua substancial existência — eles pedem e impõem sempre algo que contradiz sua destinação, ou mesmo a suprime, porque deixando de se fechar, soberana e acabada em si, a forma deixa de ser forma. Uma forma servil, aberta à vida, não poderia existir.

Apesar da constância desse problematismo, surgiu nas obras dos grandes impressionistas do século XIX uma profusão de valores adquiridos para sempre. Porque, por mais fechadas em si mesmas, por mais distanciadas da vida que devam ser as grandes formas em seu acabamento, sempre lhes é necessário voltar a essa vida, tentar assumi-la em todo o seu polimorfismo, para que a obra — a partir de então soberanamente acabada em si — se torne uma verdadeira obra, uma obra que se baste, um microcosmos. E todo grande movimento impressionista nada mais é que o protesto da vida contra as formas demasiado petrificadas e, por essa petrificação, demasiado frágeis para assimilar a profusão da vida, modelando-a. Mas como se limita, então, à apercepção intensificada desta última, temos aí, em sua essência, fenômenos de transição: preparando um novo classicismo que eterniza a profusão da vida, perceptível através da sua sensibilidade, em formas novas, duras e estritas, mas englobando tudo. A situação histórica de Simmel pode, desse ponto de vista, formular-se da seguinte maneira: foi um Monet da filosofia, a quem ainda não sucedeu, até hoje, nenhum Cézanne.

O estado em que Simmel encontrou a filosofia quando de sua entrada em cena era o mais desolado que se possa conceber: a grande tradição da filosofia clássica alemã parecia estar perdida; os *outsiders* importantes dessa época (Nietzsche, Hartmann) erguiam-se sem raiz nem rebento numa maré montante de materialismo e positivismo particularmente desprovida de sabor e de alma. Para uma receptividade filosófica, não parecia se abrir nenhum outro caminho além da intensificação da sensibilidade na reconstituição histórica das épocas e dos homens do passado (a via do tipo Dilthey), porque mesmo os primeiros intentos do neoidealismo hoje florescente deviam proporcionar a aparência de que sua rigorosa exaltação dos *a priori* eternos significava necessariamente uma violência contra a profusão da vida, e que sua vitória só podia tornar-se a vitória do monismo formal, do monismo metodológico, sobre o monismo de conteúdo caro à filosofia então reinante. A importância histórica de Simmel está no fato de que ele foi, desde o começo, o representante mais marcante do pluralismo metodológico. O *pathos* do seu filosofar tinha sua origem na consciência pasma com as possibilidades múltiplas de enunciação e objetividade filosóficas. "Há muito poucas categorias, do mesmo modo que existem muito poucos sexos", disse ele uma vez numa conversa. Essa sentença assinala, ao mesmo tempo, com uma nitidez marcante, os limites de seu ser. A descoberta da pluralidade das enunciações filosóficas é, para ele, o objetivo final e um fim em si, não o meio de dar à luz um sistema diversamente organizado, mas ainda assim unitário. Fez-se freqüentemente de Simmel um relativista por causa dessa tendência pluralista, não sistemática, de seu pensamento. Erradamente, na minha opinião. Porque o sentido do relativismo está em pôr em dúvida a validez absoluta das possíveis enunciações particulares (por exemplo, da ciência ou da arte), e permanece, a esse título, totalmente independente da questão de saber se nossa imagem do mundo é monista ou pluralista. Simmel, ao contrário, prende-se ao caráter absoluto de cada enunciação, considera-as todas como necessárias e incondicionais, só que não crê que possa haver uma tomada de posição *a priori* diante do mundo que abraçasse realmente a totalidade da vida. Cada uma oferece apenas um aspecto, um aspecto apriorístico e necessário, mas um aspecto, não a própria totalidade. O que separa Simmel, aqui, do sistema da filosofia hoje buscado, pluralista porém unitário, é justamente o fato de limitar-se à constatação dos aspectos particulares. Isso tem a ver em parte com a alegria que ele sente diante da singularidade qualitativa, com seu prazer em descobrir diversos domínios originais onde outros, obtusos, não viam mais que uma unidade indivisa, e, sem dúvida também, com sua complacência autenticamente impressionista para com a sua própria sensibilidade. Mas a razão decisiva disso é que, para Simmel, a instância final sempre esteve além de toda enunciação: trata-se da vida, cujas enunciações só podem, justamente, oferecer aspectos (nisso repousa o parentesco de seu pensamento com o de Bergson). Ora, esses aspectos particulares mantêm uns com os outros as mais diversas e mais complexas relações, e Simmel lança mão de toda a sua fineza e de toda a sua acuidade de pensamento para deslindá-los. Mas como — vista a sua posição final e de princípio — essa rede de relações recíprocas deve necessariamente permanecer um labirinto e não pode se tornar um sistema a habilidade sagaz de Simmel em sempre descobrir novos fios e novos novelos, a serem desembaraçados para serem melhor reatados, toma a aparência de um jogo, e sua hipersensibilidade diante da descoberta incessante de novas qualidades, a de um virtuose monótono. Mas a nova filosofia, por mais resolutamente que se afaste da posição última de Simmel, nunca poderá passar ao largo de suas constatações filosóficas.

A essência própria do seu talento permite compreender que seus valores mais estáveis sejam de natureza sociológica e histórico-filosófica. A especialidade dessas duas disciplinas repousa na imbricação recíproca de pontos de vista heterogêneos para constituir uma nova unidade, com base na interação do condicionado e do incondicionado. Se, antes de Simmel, a sociologia, sobretudo a que foi igualmente determinante para sua posição, a sociologia de Marx, tendia a dissolver na realidade temporal todo o absoluto atemporal (a religião, a filosofia, a arte), a parcialidade e a fraqueza das maiores concepções histórico-filosóficas da época clássica, a de Hegel, por exemplo, estavam vinculadas à tentativa de incorporar a temporalidade da história, em sua inteireza indivisa, ao absoluto de relações puramente apriorísticas. A importância de Simmel para a sociologia — penso em primeiro lugar em sua *Filosofia do dinheiro* — vem de que ele exacerba e aprimora a análise das condicionalidades a um ponto que ninguém havia conseguido alcançar antes dele, fazendo aparecer ao mesmo tempo, com uma nitidez inimitável, a inversão dessas relatividades, sua autolimitação, sua parada diante do incondicionável. A sociologia da cultura, como Max Weber, Troeltsch, Sombart e outros empreenderam, só se tornou possível — por mais fortes que sejam suas divergências metodológicas com ele — no terreno que ele soube criar.

Para dizer a verdade, essa "sociologia" de Simmel não é senão uma "experiência" também, e não um ponto de fechamento; traz em si a marca de seu impressionismo mais ainda do que o grande ensaio sobre o dinheiro. E suas tentativas em matéria de filosofia da história são, por sua vez, ainda mais manifestamente concebidas como fragmentos. O aspecto inovador desse modo de enfoque se revela muito menos em suas obras de teoria da história do que em suas tentativas para considerar filosoficamente figuras históricas particulares. Sua maneira de apreender Goethe e Kant, Michelangelo, Rembrandt ou Rodin não é nem a do historiador, que as classifica numa continuidade temporal evolutiva ou as vê como silhuetas de uma época determinada, nem a do pensador sistemático, analisando sua obra destacada de toda temporalidade, em sua normatividade apriorística, mas a do filósofo da história, para o qual cada uma dessas grandes figuras é, ao mesmo tempo, algo de único, que nunca se repete, e uma categoria apriorística. O impressionismo de Simmel vê em cada um desses grandes gênios uma possibilidade de tomar posição com respeito à totalidade da vida, que se define por sua singularidade, mas é, ao mesmo tempo, eterna e apriorística: seu pluralismo não se refere apenas às enunciações particulares, mas também às realizações individuais dentro de cada modo de enunciação. A imagem do mundo de um Goethe é tão necessariamente diferente *a priori* da de Kant quanto a conceitualização da história o é da conceitualização das ciências da natureza. Mas, visto que o impressionismo de Simmel é autêntico e profundamente filosófico, cada uma dessas imagens do mundo se torna algo absoluto; a pluralidade das enunciações não pode abolir a validez incondicionada de cada uma em sua própria esfera, do mesmo modo que não poderia dar nascimento a um relativismo: a categoria Rembrandt é tão absoluta quanto a categoria Michelangelo. É próprio da essência metafísica do mundo, a bem dizer, não só admitir mas também exigir a multiplicidade de semelhantes "categorias". Infelizmente, não é possível sequer indicar aqui quão decisiva é a fecundidade desse modo de abordagem para a filosofia da história; e, ainda menos, qual a relação de Simmel com as tentativas que lhe sucederam nesse domínio. Mas, aí também, a essência de sua personalidade se manifesta em seus efeitos: ninguém prosseguiu diretamente no caminho que ele traçou, mas ninguém pôde nem pode empreender o que quer que seja de essencial na ordem da filosofia da história sem ter passado primeiro por esse modo de abordagem.

NOTAS

Cultura feminina (1902)

1. De resto, isso tem uma importância raramente sublinhada para a imagem das hierarquias profissionais em suas conseqüências individuais. Existe uma série de profissões masculinas que não requerem talento específico e que, no entanto, não são inferiores, profissões que, sem ser necessariamente criadoras ou individuais, não excluem ninguém de qualquer nível social; é o caso, por exemplo, da profissão jurídica e de muitas profissões comerciais. O ofício de dona de casa também tem essa forma social: ele pode ser preenchido por todo talento simplesmente médio e nem por isso permanece subalterno, ou, pelo menos, não está destinado a vir a sê-lo. Contudo, uma vez excluído esse ofício, as carreiras e as possibilidades de autonomia que se oferecem às mulheres sem *disposição particular* não são mais que de natureza subalterna. Aquelas a quem falta semelhante disposição particular para as profissões intelectualmente produtivas tornar-se-ão obrigatoriamente estenógrafas, dentistas ou outra coisa do gênero. Por enquanto, elas não têm a inclinação para a carreira jurídica, a qual não é subalterna, apesar de não específica. Assim, de um lado, são impelidas a profissões de baixo nível, abaixo de suas exigências sociais e, de outro, a profissões intelectuais do nível mais elevado, que superam suas disposições pessoais.

2. O professor Breysig sugeriu, numa discussão oral sobre esse tema, uma idéia que considero, em todo caso, uma ampliação capital de meus próprios desenvolvimentos. A contribuição cultural original e objetiva das mulheres, disse ele aproximadamente, consistiria no fato de que elas modelam em grande parte a alma masculina. As influências, as formações e transformações vindas das mulheres, graças às quais a alma masculina é justamente aquilo que ela é, decorrem da cultura objetiva tanto quanto o fenômeno da pedagogia, ou a ação legal dos humanos uns sobre os outros, ou ainda o trabalho de um artista sobre um material dado. De fato, na feitura da alma masculina, as mulheres se exprimem, criam um produto unicamente possível através delas, no sentido de que se pode, em geral, evocar a criação humana, não sendo esta jamais senão uma resultante da ação criadora, de um lado, e das energias e determinações de seu objeto, de outro. Seremos tentados a ver nisso uma analogia com a convicção popular de que a tarefa específica das mulheres é gerar e criar a geração seguinte. Nos dois casos, o sentido da existência feminina reside em sua relação com outros seres que se modelam através dela. Ensinar que as mulheres existiriam para produzir e educar a geração seguinte é dizer que elas existem a título global unicamente para os homens. Pois, como os seres femininos dessa nova geração não são nada mais que *meios* da seguinte, as únicas metas fixadas para toda a evolução se encarnam nos elementos masculinos desta. A idéia de Breysig, em compensação, não ensina o abandono das mulheres por elas mesmas, ensina sua conservação, do mesmo modo que o artista se conserva em sua obra, comparado com a qual ele não pode ser tido como um meio. A finalidade de sua realização é e continua sendo muito mais o fato de que sua natureza e sua energia desenvolvem até o fim sua vida e sua marca. Sustentar que as mulheres existem para a geração seguinte decorre de uma ilusão otimista que encobre o fato de que elas existem unicamente para os homens; inversamente, se elas dão sua contribuição cultural modelando qualitativamente a vida dos homens, isso significa que encontram neles sua matéria-prima, em que a particularidade de sua essência e de sua energia próprias vem se objetivar, criando assim um produto que só pode se realizar através delas e que, portanto, as exprime, ainda que não literalmente.

Psicologia do coquetismo (1909)

1. Em estudos relativos a toda a extensão da relação entre os sexos, a linguagem utilizará antes de mais nada seus significados mais crus, o que é quase inevitável por motivos psicológicos óbvios. Aqui, no entanto, quando falamos de entrega e de prazer, de sim e de não, designamos os modelos mais gerais dessa relação, que se preenchem com os conteúdos, moral e esteticamente falando, mais elevados, bem como mais baixos. Essas extremas diferenças de valores não impedem que uma consideração puramente psicológica constate que tais categorias formais têm efeitos equivalentes.

Fragmentos sobre o amor (escritos póstumos)

1. Considerar amor e ódio dois termos exatamente opostos, como se bastasse atribuir a um deles o sinal inverso para obter o outro, é um erro total. Esse erro decorre simplesmente do fato de que algumas conseqüências práticas exteriores de um aparecem exatamente como o contrário das do outro; mas tampouco esse fenômeno é muito preciso. Desejo a um a felicidade, ao outro o sofrimento; a presença de um me rejubila, a do outro me faz sofrer. Mas felicidade e sofrimento não se acham em contradição lógica. Do mesmo modo, o fato de que o amor se transforme com bastante freqüência em ódio nada prova a favor de uma correlação lógica. O contrário do amor é a ausência de amor, isto é, a indiferença. Para que, em seu lugar, o ódio se instale, é preciso que haja motivos positivos novos, que se ligam efetivamente ao amor de maneira algo secundária — por exemplo, estar preso um ao outro, sofrer por ter-se enganado ou deixado enganar, a dor das possibilidades perdidas de amor, etc.

2. O vínculo, até a união íntima, que se estabelece entre o amor e a moral é tão secundário, ou mesmo frágil, quanto aquele entre a religião e a moral. A moralidade é seguramente uma "idéia" também, elevada acima dos vínculos finalísticos da existência a um pu-

ro estado com seu fim em si, e que agora põe, ao contrário, toda vida a seu serviço. Por essa mesma razão, não convém legitimar a religião, que se encontra na mesma categoria, pela moral, ou a segunda pela primeira — porque é a isso que correspondem, finalmente, as tentativas de ligá-las. Se, para Kant, o "homem que vive sob as leis morais" não é apenas o objetivo final da existência humana empírica, mas igualmente o de um universo em geral, de sorte que a religião se torna um simples apêndice, mais exatamente um meio da moral, isso sem dúvida nada mais é que uma falsificação da essência autônoma, absoluta em si, da religião. Isso não só desconhece a realidade psicológica, inegável a meu ver, de que há seres particularmente religiosos de moral duvidosa e homens profundamente morais sem o menor traço de impulsos religiosos, como ademais não está longe de uma inversão do estado objetivo das coisas. De fato, embora se situe acima dos impulsos vitais, a idéia de moralidade, em sua gênese e sua prática, está mais próxima das emoções da vida, dos fins e dos interesses dos indivíduos e dos grupos histórico-empíricos, mais realizada por eles, do que a religião. Sua colocação no mesmo plano enquanto idéia impede de substituir uma por outra. Mas se quisermos compará-las e relacioná-las não deveremos ignorar a diferença que vem do fato de que o comportamento moral está, em si, mais estreitamente imbricado numa finalidade do que o religioso. Do ponto de vista do conteúdo como da forma seria um erro estabelecer um vínculo que tornaria uma dependente da outra, seja por *ratio essendi*, seja por *ratio cognoscendi*. Mesma coisa no que diz respeito ao amor e à moral. Há naturezas de elevadíssimo nível ético a quem o amor é estranho, não só num sentido ou noutro, mas em todos os sentidos do termo, e naturezas eróticas que sequer compreendem a essência da moralidade; outras que sem dúvida a compreendem, mas não se deixam absolutamente motivar por ela.

3. O amor ao "Homem" enquanto idéia, ao gênero humano como valor situado acima de todos os indivíduos, é algo totalmente diferente, muitas vezes sem a menor ligação psicológica com o amor aos homens. Nietzsche possuiu e pregou da maneira mais apaixonada o amor ao Homem tomado nesse sentido, mas rejeitou totalmente na doutrina, e possivelmente também em sua afetividade própria, o amor humano universal.

Posfácio

1. Jung, *Versuch einer Darstellung der psychoanalytischen Theorie bzw der Erotik*, pp. 39-40 (Ensaio de apresentação da teoria psicanalítica e do erotismo).

FONTES BIBLIOGRÁFICAS

Capítulo 1. Anonyme: *Einiges über die Prostitution in Gegenwart und Zukunft* in: *Die Neue Zeit*, janeiro de 1892.

Capítulo 2. *Zur Soziologie der Familie* in *Vossische Zeitung*, 21-28 outubro 1894.

Capítulo 3. *Die Rolle des Geldes in den Beziehungen der Geschlechter. Fragment aus einer Philosophie des Geldes* in *Die Zeit*, 15-22-29 janeiro 1898.

Capítulo 4. *Weibliche Kultur* in *Neue Deutsche Rundschau*, maio 1902, caderno 5.

Capítulo 5. *Psychologie der Koketterie* in *Der Tag*, 11 e 12 maio 1909.

Capítulo 6. *Fragment über die Liebe*. Textos póstumos, *Logos*, 10/1921-1922.

O texto de G. Lukàcs foi extraído do *Buch des Dankes an Georg Simmel* — Duncker/Humblot, Berlim, 1958.

IMPRESSÃO E ACABAMENTO:
YANGRAF Fone/Fax:
6195.77.22
e-mail:yangraf.comercial@terra.com.br